その花が咲くとき

障害者施設「川口太陽の家」の仲間たち

松本 哲

サンパティック・カフェ

はじめに

　２０歳の頃、北海道の牧場で働きながら学校に通い、将来は「この地で、土と動物に囲まれて生きていく」と密かに決心していた私にとって、川口養護学校での障害のある子どもたち、その子どもたちに真摯に向き合う教員たちとの出会いは、その後の自分の人生を決める大きな出来事でした。

　「障害のあるこの子たちは社会に出てから大変な苦労が待っている。自分は好きなことをしながら人生を歩んで、障害のある人たちの大変さを、社会のせい、政治のせいにしていいのだろうか？　自分もこの人たちのために汗を流す必要がある！」というような青臭い正義感と、自己中心的な自問自答の中で、障害福祉に飛び込みました。

　そんな私を待っていたのは、「愛される障害者づくり」という思想と実践でした。「できないことをできるようにさせてあげる」「失敗しないようにしてあげる」「自分でなんでもやれるようにしてあげる」等々……。
　福祉の専門性も思想性もない私は、違和感や嫌悪感の中で苦しみました。
　そういう中で出会ったのが、現在働いている埼玉県川口市の北部、少し歩けばさいたま市というところにある、障害者施設「太陽の家（現川口太陽の家）」でした。

それから３５年、いつの頃からか、「何かをしてあげる」私ではなく、出会う人や出来事に励まされている自分がいました。

「愛される障害者」が幸せになるのではなく、「人を愛せる人」が幸せになると気づかされました。

　毎朝出勤し自分の部屋に入ると、右側の壁に貼ってある、画用紙大の紙に描かれた、３人の仲間たちの手紙が私を出迎えてくれます。

　この手紙は、私の勤続３０周年の表彰のとき、仲間たちがサプライズで書いてきてくれたものです。

　こずえさん、けんじさん、あやさん……。

　それぞれの人生の困難なときに出会い、長い時間を共に過ごしてきた人たちです。

　けんじさんは手紙の中で私を「同期」「親友」と言ってくれています。大勢の前で、たどたどしくこの手紙を読み上げてくれたとき、めったに人前では泣かない私が、不覚にも泣いてしまいました。

　彼と過ごした３０年以上の月日が走馬灯のように私の頭の中を駆け巡り、熱いものが込み上げてきたからです。

　本当に幸せな時間でした。

はじめに

キラト　だいひょう.

松本 さん〓

川口たいようの家に30年もいることさえびっくりしました。
私は いつも おせわになっていることもたくさんあったりもしています。
やくそくや家のことでそうだんをしているのであんしんしています。
松本さんや山内さんのことをしんらいをしてきっています。
これからも体をこわさしずに元気で川口ではたらいてほしいです。
松本さんがいるからあんしんして私は
たいようでがんばれていることもあるので
びょうきをはやくなおして元気でたいようにきて朝のそうげいを
がんばってください。いつもそうだんにのってくれてありがとうございます。
おたがいにいつまでもけんこうな体ですごしていきましょう
これからもながく松本さんがたいようにいられるまで私
たのしみにまっています。松本さん30年おめでとうございます。
たいようの家にずっとみまもっていってください よろしくおねがいします。
高谷こずえ

まつもとさん まいど　　しんせつな
30ねん おめでとう　　これからも おなかり
ぼくは まつもとさん　　そうだんして
どうもなず。　　　　　かんけいを
かんばれよ、オッケー　　ふかめて
　　　　　いっしょに　　いきましょう！
やりました
ぼくと まつもとさんは おなじ けんの

> 松本さんへ
>
> きんぞく30年 おめでとうございます。
> 太陽の家に入って 松本さんと出会う事
> ができました。こまってる時は 必ず あたたかく
> 話を聞いてくれました。
> これからも 太陽の家で 仲間と職員にかこまれて
> 一緒に 前を向いて 歩んで行きましょう！
> 今日は 本当に おめでとうございます。
>
>
>
> 川口太陽の家 工房菓 渡邊あや

　３０年以上前に支援する側とされる側という立場で出会った二人が、今は親友です。彼は、３０年かけて立派な花を咲かせ、毎日、私のことを励ましてくれます。

　私は、その花たちが咲いたことを喜べる、良き隣人でありたいと願っています。

目次

はじめに ——————————————————————— 2

序章

仲間たちに出会うまで ——————————————— 10

障害のある人たちとの出会い その1 ——————————— 12
障害のある人たちとの出会い その2 ——————————— 15
太陽の家との出会い ————————————————— 18
忘れられない出来事 ————————————————— 20
太陽の家で働き始める ———————————————— 22
みぬま福祉会 ———————————————————— 24
生い立ち　自分自身に出会うまで ——————————— 26

1章

咲いた花たち　咲けなかった花たち =生・喜・悲・共= 30

つながった ひろしさん ———————————————— 32
この子を産んで初めて褒められた まきこさん ————————— 36
俺は悪魔 しょうさん ————————————————— 40
魔法を見ているみたい かずえさん ——————————— 45
分かるようになった ともひろさん ———————————— 50
コラム　障害の理解と障害者の理解 ——————————— 54
一番好きで一番怖い たかひこさん ——————————— 56

特別扱い たかひろさん	62
優しくしないで よしひとさん	66
こんな体だよ、こんな体でも あつやさん	70
生きている意味 まみさん、ゆきおさん	74
松本さんの顔が思い出せない みきさん	80
やってみる たかひこさん	84
親の死と向き合う ひさおさん	86
おはようの挨拶 たくさん	94
選挙 まゆみさん	100
定期昇給と経験給、作品使用料（著作権）かずえさん	102
期待される たかひこさん	106
みんなとこうしていること こうじさん	112
失ってはいけないものがない人 たけとさん	118
みんな愛してくれているのかなぁ やすゆきさん	122
俺みたいな暴れる子 はるおさん	126
松本生きていたか なおきさん	132
しんゆう けんじさん	136

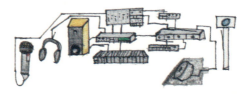

オリジナルバージョン（一部）／尾崎翔悟

2章
咲く花の意味を知る =考・育・行= —————— 140

- 信頼 青谷さん ——————————— 142
- 仲良くなったから 小寺さん ——————— 144
- 丁寧と分かりやすさ 松崎さん ——————— 146
- 励まされる 赤羽さん ————————— 148
- 私の正義を私たちの正義に ———————— 150
- この人さえいなければ —————————— 152
- 親とは別に思ってくれる人たちの大切さ 啓 —— 154
- コラム 密かな楽しみ —————————— 160

▲▶パネル／林直登

3章
花を支える枝や幹、根 =論・思・理= ———— 162

- 「働くことは権利」を実践するために ———— 164
- 働く Ⅰ　サンだいちの仲間たち ———— 164
- 働く Ⅱ　太陽の家の労働の定義と３つの見通し ———— 168
- 働く Ⅲ　表現活動を中心にした労働の取り組み ———— 174
- コラム　工房集とは？ ———— 178
- コラム　内なる光をつくり出す　中津川 浩章 ———— 180
- きれいごと　理念Ⅰ ———— 189
- 矛盾や葛藤、困難を乗り越えていくために　理念Ⅱ ———— 192
- 反抗期　論Ⅰ ———— 194
- 自立　論Ⅱ ———— 196
- コラム　福祉は大切にし、される権利　高橋 孝雄 ———— 202

おわりに　出逢った責任 ———— 206

序章
仲間たちに出会うまで

❀ 別な物差しで見る ❀
短時間に同じ物を早く作らなくてはダメだ、というような物差しとは別に、じっくり時間をかけてやる、個性的な物を作る、良いものを作る、といったような発想をしていくところが太陽の家だと思います。

障害のある人たちとの出会い その1

　北海道の牧場で働きながら大学に通っていた私は、春休みに東京の赤羽の実家に戻ってきたものの時間を持て余し、中学時代の恩師の東田先生に、「何かアルバイトないかなぁ」と問い合わせてみました。
　すると、数日後に、
「アルバイトあるよ。川口養護学校というところに行ってみるといいよ」という連絡がありました。
　養護学校のことは何一つ知らないまま学校に電話をし、面接に行くことにしました。

　面接をしてくれたのは、当時そこの教員をしていた鈴木敏勝先生（後の初代みぬま福祉会理事長）でしたが、なんとも噛み合わないやり取りが続きました。
「松本さんは知恵遅れって知っていますか？」
「知りません。なんのことですか？」
「え？」と驚いた様子の鈴木先生。
「じゃ、身体障害って分かりますか？」
「いや、全然分かりません」
　こんな調子です。
　しまいには鈴木先生も黙ってしまい、しばらく天井を見つめたあと、
「松本さん、給食をタダで食べさせてあげるから、来てみませんか？」

と話されました。

　私は、お金よりも「時間が潰せればいいや」程度の気持ちだったので、「分かりました」と返事をしてしまったのです。

　後日分かったのですが、鈴木先生はボランティア希望者の面接のつもりで私に会っていたのです。私のほうは、アルバイトのつもりで向き合っていたので、噛み合わないはずでした。

　先生が別れ際に、
「子どもたちと一緒に給食は食べられないかもしれないよ」
　と、にこっとしながら言われたことを鮮明に覚えています。

　翌日養護学校に行って、それはそれは驚きました。

　面接の日は夕方だったので、子どもたちは一人もいませんでした。

　ところが、いきなり１００人を超える障害の重い子どもたちと出会ったからです。

　意味もなく走り回る子、泣き叫ぶ子、失禁する子、食べ散らかす子、手づかみで食べる子、給食のときも壮絶な光景です。

　鈴木先生に、この子たちと一緒に給食は食べられないかもしれないと言われた意味が、よく分かりました。

「いったい、この子たちはなんなんだろう？　どうなっているんだろう？」というのが私の感想でした。

　ボランティア初日は、とにかくびっくりして一日が終わりました。

毎日学校に通うようになった私に、祖母は、
「お前ね、ああいう子たちは天使様って言うんだよ。目が澄んでいて、心が清らかな子たちなんだから、大切にしてやるんだよ」
　と教えてくれました。
　福祉や障害のことは何も知らない私でしたので、「分かった！」と言って子どもたちと関わっていきましたが、ただの一度たりとも「天使様だ！」と思うことはありませんでした。

　ある日、朝マラソンの最中に教員から、
「一人姿が見えないので探してきて」
　と頼まれ、学校中をくまなく探してみると、校舎の裏手にある倉庫の脇に座り込んで隠れている彼を見つけました。
「どうしたの？」と私が尋ねると、返ってきた答えは、
「マラソン嫌い！」でした。
　この一言に大きなショックを受けました。
「この子たちは天使じゃない！　今を一緒に生きている、自分と同じ人間なんだ！」と思えた瞬間でした。

14　　序章　仲間たちに出会うまで

障害のある人たちとの出会い その2
『愛される障害者づくり』のスローガンのもとで

　初めて就職した障害者施設は、他県にある通所施設でした。

　ここで働いた数年間の経験は、その後の私に障害者施設のあり方について考えさせられる、大きなきっかけになるものでした。

　出勤初日、所長に呼ばれ、

「言うことを聞かないときにはひっぱたくように」と言われました。

　実際現場に出てみると、先輩の職員も手を上げています。

「あなたもやらないと、なめられるよ」

「あなただけ優しくすると、混乱させて可哀そうなんだから」

　そんなことを言われてきました。

『愛される障害者づくり』

　それが当時の障害者実践のスローガンです。

「健常者がコップだとしたら、知的障害のある人はおちょこ。コップの中身をおちょこに注いでもこぼれてしまう。そうだったら、返事ができて従順で素直であることが彼らの幸せ」

　そのように教わりました。

　パチン！　と音がして振り向くと、頬を抑えて悔しそうに立ち尽くしている利用者。その姿が鮮明に焼きついています。

「できません」と所長や先輩に意思表示をしました。
「なんで？」と返されたので、
「ここにいる人はみんな自分より年上です。長く生きていることは尊敬すべきことと考えています。尊敬する相手には手を上げられません。たたいて教えろということですが、自分を上回る腕力や暴力が出現したら、教育的効果はないのではないでしょうか」と答えました。
　待っていたのは、いじめでした。
「せっかく教えてやったのに生意気」というレッテルを貼られ、定時になると所長も先輩も引き上げてしまい、残業を延々と一人でやらされることになりました。

　とっても苦しい時期でした。自分の意に反して所長や先輩に頭を下げ、「生意気を言ってすみませんでした。今日から心を入れ替えて、ちゃんとひっぱたくようにします」と宣言すれば、この苦しさから解放されることは分かっていました。
「でも、できない。いじめられるのも嫌だ」
　自分の心が壊れそうでした。

　その施設での利用者たちの仕事は、段ボールの仕切りの組み立てやボールペンの組み立てなど、内職が中心でした。
　朝出勤すると、玄関に材料が山積みにされていて、
「今日からしばらく忙しいぞ！」と思ったものです。
　期日までに仕上げないと、次の仕事がもらえなくなるので、みんなで必死に取り組みました。

ところが、いつの頃からでしょうか。

いつものように山積みの材料を見て、「さあ、頑張らないと！」と思っていると、所長に呼ばれるようになりました。

「仕事が忙しくなるので、あの人とこの人を連れて一日散歩に出て欲しい」という話です。

「えっ！ 忙しいのになぜですか？」と聞き返すと、

「そう、忙しいの。あの人たちがいると、仕事に差し支えが出るので、一日散歩をしていて欲しい」

と重ねて言われてしまいました。

当時の私は、経験も浅く専門性もないので、それ以上返す言葉がなかったのですが、違和感だけはぬぐえずにいました。

そこで、この仕事をするきっかけになった川口養護学校に、

「障害の重い人でも、参加できる仕事はありませんか？」

と聞きに行きました。すると、

「鈴木先生（私の面接をしてくれた初代みぬま福祉会理事長）が学校を辞めて、障害の重い人でも働くことができる『太陽の家』という施設を作ったから、行ってみるといいよ」と教えられました。

早速連絡をして、その施設の見学に行くことにしました。

太陽の家との出会い

　8月の暑い日、鈴木先生から電話で教えられた西浦和駅からの道順を辿りながら、太陽の家まで向かいました。

　到着した建物は、鉄筋コンクリート造りのしっかりとしたもので、何か変だなぁと思っていると、それは太陽の家ではなく、ゴルフ場のクラブハウスでした。

　探し当てて辿り着いた太陽の家は、倉庫を改修した、屋根はあるものの天井はなく、壁はむき出しで断熱材も入っていないという建物でした。

　当時所長をしていた古澤さんが、建物の中を案内しながら、
「障害のある人たちにとって『働くこと』がとても大切なことだ」
という話をしてくれるのですが、その脇で、一期生の仲間たちと言えば、ともひろさんはお気に入りのレコードをがんがん聞いているし、やすしさんは立ち尽くしているだけで、たつみさんは横になって眠ってしまっています。

（注）みぬま福祉会では、「ともに働く」「ともに生活する」「ともに地域をつくっていく」仲間なんだという主旨から、施設を利用している障害のある人を「仲間」と呼んでいます。

高橋さん（現みぬま福祉会理事長）は「洗車！」と言って、代わる代わる仲間を連れてきては、ホースから水を出して車を洗っていました。
　古澤さんの話と、目の前の現実とのギャップに大きな戸惑いを覚えながらも、「なんだか楽しそうだなぁ」と、その光景に浸っている自分に気づきました。

　遅れてやってきた鈴木先生から、
「今は仲間も４人くらいだけど、来年には、障害の重い人たちがたくさん利用するので、松本さん来ない？」と誘われました。
　今いる施設での違和感や苦しさの中にあって、太陽の家の心地良さに惹かれ始めていた私は、
「はい、お願いします」と即答していました。
　それが、私と太陽の家との出会いです。

　その後、何度か太陽の家に見学に行くようになり、駅まで送ってくれる車中で高橋さんが、
「ここは、仲間と同じように職員も大切にしてくれるんだよ。たくさんの人が支えてくれているんだ。だから自分たちはその期待を自覚して実践に責任を持っているんだよ」
　と話をしてくれたことも、鮮明に残っています。
　それまで、職員として自分が大切にされているという実感がなかったので、この話はとても私の心を揺らし、「いいなぁ！」と憧れに近い気持ちになりました。

忘れられない出来事

　これまで働いていた施設を辞める決心をし、いよいよその日が近づいてきたとき、忘れられない大切な出会いをさせてもらった二人の言葉がありました。

　一人は、その施設を利用していた「たけさん」という高齢の女性が、「松本が一番良い職員だった」と言ってくれたことです。
　本当に嬉しかったし、良かったと思いました。その後の私の職業人生を支えてくれた一言だった、と言っても過言ではありません。

　もう一人は、まさるさんのお母さんの言葉です。
　まさるさんは私と同い年の利用者で、仲が良かった一人です。
　彼のお母さんに、ある日の夕方呼び出され、
「松本さんが辞めると聞いたので、言っておきたいことがある」
　と切り出されました。そして、二つのことを伝えてくれました。

　一つ目は、
「まさるは障害が重いでしょ。５０歳になっても６０歳になっても施設を利用するのよ。そのときに、短大出たての小娘のような職員に呼び捨てにされるのよ。お世話をされる息子だけれど、悲しい」
　という言葉でした。

当時は、私のような専門性のない職員までも「先生」と呼ばせ、障害のある人は呼び捨てにされていました。
「この日常に傷ついていた人がいるんだ」ということに、大きなショックを受けました。

　二つ目は、
「どんなに障害の重い子であっても、親には共通の願いがある。我が子は、お世話になる対象だけではなく、社会の一員であって欲しい。そしてそれは、働くことなんだよ」ということでした。
　障害が重いというだけで、働くことから阻害されてしまうことが当たり前の時代でした。
「"働けない"というレッテルを貼るのではなく、"どうしたら働けるようになるのか"を考えて欲しい」という願いを話されたのでした。

　この二人の残してくれた言葉は、
　その後太陽の家に入ってからも、
　ずっと自分の胸の中に残りました。

21

太陽の家で働き始める

　私が太陽の家に入ったのは、開所から２年目でした。
　鈴木先生の他に今の理事長の高橋さんがⅠ期生で、私がⅡ期生。その後Ⅲ期生に澤田さんが入ってきました。
　実はその３人とも障害者実践の現実の中で、同じように悩み苦しんできていました。年齢はバラバラでしたが、困ったことがあるとみんなで集まって相談し、現場で起きていることや実践を自分の言葉でしゃべり合いました。
　私はその中で一番若く、唯一専門的な教育も受けていなかったので、「どうせ分からないんだ」と開き直れたし、みんなも可愛がってくれました。
　特に高橋さんは私より４歳上で、普段の関わりを通して福祉的な考え方をたくさん教えてくれました。どれだけ教えてもらったか分からないくらいです。

　太陽の家は『どんなに障害の重い人でも受け入れる』という理念のもとに、本人と家族の希望があれば、誰にでも「どうぞ！」と言っていました。
　他の施設ではあまり見かけないような障害の重い人も大勢いて、仕事をする以前に人間関係をつくるだけで精一杯でした。
　当時、とても重い障害のある人たちが集団でいるという施設は珍しく、

また、そういった障害者実践の蓄積もなかったので、本当に手探り状態でした。
「今日あの人どうだった？」
「明日はこんなことしてみるか」など、話は尽きません。
　時には、車に鍵を挿したまま３時間４時間の立ち話、ということもありました。

　初代理事長の鈴木先生が、「太陽の家は誰か一人が引っ張るのではない、みんなの施設だ」ということを強く言っていました。
　私たち３人も、誰か一人をカリスマにすることなく、それぞれの得手不得手を互いに認め合いながら実践していきました。
　それはとても楽しくて、幸せなことだったと思います。

　その後高橋さんは理事長となり、同時期に私と澤田さんの二人も管理職になりました。
　倉庫を改造した門も塀もなかった「太陽の家」も建て直され、社会福祉法人みぬま福祉会となりました。
　それでも、当時語り合った、
「人が人として大事にされる施設にしようね」
「体罰や強制がなくても、一人ひとりが生きいきと豊かに生きていけるような実践をしよう」
「それは自分が最初に出会った障害のある仲間たちの幸せに、必ずつながるんじゃないか」という熱い思いは３５年経った今でも変わっていません。

みぬま福祉会

　1979年、養護学校（現当別支援学校）の設置が義務化されたことに伴い、埼玉県内でも養護学校が出来始めました。
　1984年、浦和養護学校高等部の初めての卒業生を出すとき、「自分で通えない」「軽作業に参加できない」「身辺自立ができていない」など障害の重さを理由に、受け入れ先が見つからない人が数名出ました。
　「このままでは在宅になってしまう」と、学校教育の成果を実感していた、家族、教員、関係者が集まり、「不本意な在宅を出さない」というスローガンのもと、「どんな障害があっても希望すれば誰でも利用できる障害者施設を作ろう」とみぬま福祉会が生まれました。
　こうして「太陽の家」が1984年5月にスタートしました。

　開所当時は、職員3名、仲間4名の小さな施設でした。無認可作業所としてスタートをしたため補助金が一切なく、月末になると家族や教員たちが、運動で集めてきたお金を持ち寄り、みんなの力に支えられながらの船出でした。

みぬま福祉会設立当初の高橋現理事長（右奥）

＝みぬま福祉会の理念＝

1. 県南各地にどんな障害を持っていても、希望すればいつでも入れる社会福祉施設づくりをめざします。

2. 入所者は障害の種類や程度、発達段階等が充分考慮され、一人一人のニーズに応じた生活、労働、教育、医療が受けられ、ともに生きる「仲間」として、その自主性が尊重され、人権が最大限守られるような社会福祉施設づくりをめざします。

3. 社会福祉施設は、その地域の中に存在し、その地域とともによりよい社会づくりをめざし、入所者は地域の人々と助け合いながら、ともに生きることをめざします。

　この理念に基づき、一人ひとりを大切にし、誰一人例外にしないための実践や運動を進めて30年以上が経ちました。
　1カ所の作業所から始めた「みぬま福祉会　太陽の家」は社会福祉法人となり、現在仲間約350名、職員約280名、20以上の事業形態になっています。

　大きくなることが目的だったのではなく、たくさんの願いがより合わさってきた到達点だと考えています。

生い立ち 自分自身に出会うまで
『なぜだろう？』を突き詰める性格

私は一人っ子でした。

大正生まれの両親には、子どもはできないと思っていたところに生まれて、随分可愛がられました。

小さいときから水にぽちゃんとつけておけば静かになる子。腎臓病を患い運動ができずに、友だちと遊ぶより本を読んでいれば満足している、ちょっと太った変わった子と見られていました。

みんなと違う自分に、「自分ってなんだろう、どうしてみんなと同じになれないんだろう」とずっと悩み続けていました。

小学校時代に、「学校を辞めたい」と随分母親を困らせた記憶があります。

中学生になって腎臓病が全快し、サッカーを始めると身体も強くなってきて、自信もついてきました。

いい歳になってから生まれた一人っ子には、教育にお金がかけられます。それなりに成績も良かったので、良い子だと褒められる環境で育ちました。

それが高校に行ってからとんでもなくつまずくことになったのです。

進学した都立学校では、勉強は分かることが大事だと思っていた私に、

「それは違う！　憶えろ」

「数学は暗記の教科だ。だから暗記して受験に臨んで、なぜそうなるかは大学に行ってから考えればいいんだ」

と、教員も友だちも同じような
ことを言っていました。
「なんでだろう？」とずーっと考
えても分かりません。
　授業だけどんどん進み、成績も
どんどん下がっていきました。

「自分は、親が言うような良い子
ではない、本当はもっと悪い奴に
違いない。それなのに"良い子"
と言われる」
　その矛盾の中で葛藤し、親に何
か言われると、「分かってるよ」
としか言わなくなり、
「外で会っても絶対俺に声をかけ
ないでくれ」
「親がくしゃみしても腹が立つ」
「その慈愛に満ちたまなざしにも
腹が立つ」と、母親に言い放つぐ
らいでした。
　あるときにはもう口がきけなく
なり、しゃべろうとすると嗚咽に
なってしまい、安定剤を出される
ほどでした。

「今日も息子はしゃべらない」と、
母の死後出てきた日記に毎日書い
てありました。

　私はもともと、物心ついたとき
からなぜか百姓になりたかったの
です。しかし、父は金属会社の研
究者、母は検察庁に勤めていたの
で、当然私もそういう堅い職業を
希望するだろうと思っていたよう
です。
　そういう期待感の中で、「百姓
になりたいんだ」と言うには、想
像以上の勇気が要りました。
　親の期待と、私物化されること
に苦しみました。
「誰も知らないところに行って、
一人になってゼロからやってみた
い。大学は北海道か沖縄、一番遠
いところに行こう。自分と向き
合ってみたい──」
　そうして、北海道へ飛び出しま
した。

北海道では、牧場で働きながら大学に行きました。

半年くらいは友だちもできず、「今日誰ともしゃべってないなぁ」という、孤独に襲われる日々でした。ホームシックはありませんでしたが、友だちに会いたいと思いました。

自分の故郷というのは人間関係なんだと初めて実感しました。

牧場の毎日は、朝の4時頃から仕事が始まり、
「この乳搾れ！」
「東京もんが何しに来た」といじめられました。

吹雪いている中を牛フンの山崩し、足癖が悪くて蹴る牛の世話など、みんなが嫌がるような仕事ばかりさせられました。

「自分は何者なんだろう」なんて言っている場合ではありません。

もう自分しか頼れません。つなぎが凍るような極寒の中で、自分に向き合えた時間でした。

牧場でひと汗かいて学校に行き、放課後は体育館のマシンで筋トレ、夜にはスイミングスクールでコーチをする。

そのようなストイックな毎日を過ごすうちに、不思議なことに、考えることは「早く寝たい」か「腹が減った」ぐらいになり、気持ちがより先鋭化し、心がピュアになっていく自分がいました。

それまでの、
「自分はなんなのだろう？」
「どう生きたらいいんだろう？」
と悩んでいたことがきれいになくなり、あるときふっと、「自分は自分なんだ」と自分の言葉で胸に落ちたのです。
「背伸びしても卑下しても、この自分として生きていくんだ」

と思えた瞬間から、うんと気持ちが楽になりました。

そのような生活の中で、だんだん牧場の親父さんや牛たちにも信頼されるようになっていき、それがまた新たな自分を認める自信にもつながっていきました。

そのとき２０歳、自分との出会いでした。

この経験は、その後の自分の中心になったと思っています。

親との関係も北海道に行ってから再構築されました。

今この仕事について、あらためてその思いは職員に対しても、障害のある人に対しても同じだと感じています。

「何かになりたい、あの人うらやましい、そう思っているだけだと苦しいよ。どうしたいのかがアイディンティになると違うよ」

と職員によく話します。

自分が苦しんできたぶん分かることも多いと思うからです。

大学での専門は酪農・自然科学でした。その研究室の先生がとても良いことを教えてくれました。

「まず現実から学びなさい。教科書はそのための手助けだから」

と、論文をまとめるとき教科書通りにいかないと悩んでいると、よくそう言ってくれる先生でした。

今、恩師のその一言がとても生きています。

何が起きているのか、現実をよく見るということ。

「起きている問題を構造化すると何をすべきか、何を待つべきかが見えてくる。そうすると心境の揺れは違うよ」

と職員に話しています。

東京都美術館　工房集作品展「生きるための表現」記録集 より

30

1章
咲いた花たち
咲けなかった花たち
=生・喜・悲・共=

▲▶コスモス／横山明子

❁ 仲間の成長の姿が関わった人たちを励ます ❁

太陽の家の実践を見て特別支援学校の先生たちが、「あの頃は見えなかった明日が、今見えるようになった」という評価をくれます。障害のある人の変化は、10年20年のスパンで見る必要があるので、特別支援学校にいるとき一生懸命に実践しても、卒業までに花が咲かない人は大勢います。「太陽の家の実践や仲間の姿が教育現場を励まます」ということが、確かにあるように思えます。

つながった ❀ひろしさん❀

> 障害の重い人と関わるとき、目が合わない、意思疎通ができないと感じることがよくあります。
> しかし、色々な場面で彼らなりに自分の思いや願いを発信しています。ただ、そのサインはとても微細で分かりづらいことが多いようです。
> 私たちが彼らとの日々の関わりの中で、そのサインを読み取り、意味を汲み取り、偶然を必然にしていくことが大切に思えます。

　ひろしさんと私は同じ時期に「太陽の家」に入りました。もう３０年以上も前です。

　出会ったときのひろしさんは、目を固くつむり、体を前後に揺らし続けていたり、握ったこぶしで自分の顔を殴り続けていました。

　学校を卒業して新しい環境の中に身を置いたものの、その変化になじめず、不安が大きかったのでしょう。

　太陽の家では、日中はどの人も「仕事」をします。でも、ひろしさんは仕事どころではありません。抱きしめてあげないと顔が血だらけになってしまいます。

　そんな日々が１年、２年と続きました。

　３年目、職員全員で相談し、
「今年は、ひろし君の年にしよう」と決意表明をしました。

そうは言っても、何がひろしさんの年なのかは、具体的なものは何も決まっていません。
　私が彼の担当だったので、日中二人で散歩に行くことにしました。
　何か大きな意図があったわけではなく、
「みんなと仕事をするところではないし、二人でゆっくり過ごしてみよう」という程度の思いでした。
　当時、３０人の仲間たちを６名の職員で支えていました。
　私がひろしさんと散歩に出てしまうと、２９名を５名の職員で支えることになります。
　労働状況は厳しくなるのですが、他の職員たちは笑顔で送り出してくれました。

　太陽の家から少し歩くと土手があり、そこに座って空や雲を見て、風に吹かれて帰ってくる、ただそれだけの毎日です。
　私の自宅もそばにあったので、時には私の家まで一緒に行き、１歳になったばかりの娘と３人で日向ぼっこをして過ごすこともありました。
　最初の頃は、土手に座っていても「うっ！　うっ！」と自分の顔を殴る声と、ガツンガツンいう音を聞くだけの日々でした。
「なんでいつも怒ってんの？」
　と彼に問いかけても、答えは返ってきませんでした。

　数ヵ月が過ぎた頃でしょうか。
　いつものように土手に座っていると、日常になっていた彼の声と音が聞こえてきません。

33

「あれっ！」と思い、彼に目を向けると、彼がじーっと私の顔を覗き込んでいます。
「つながっちゃった！」
　と思ったものの、どうしていいか分からず体を固くしている私に、
す〜っと手が伸びてきて、私の口をそっと触ったのです。
　鳥肌が立つような感動を覚えました。
　出会って３年目、自分の顔を殴るという表現しかしなかったひろしさんが、私にとても人間らしい表現をしてきたからです。

「今日こんなことがあったんです。水を飲ませて欲しいか、歌を歌って欲しいと彼が言っているような気がするんですが……」
　と急いでお母さんに連絡をしました。すぐにお母さんから、
「それは、ひろしが私にしかしないサインで、歌を歌って欲しいということです」と返事がきて、そのとき彼が好きな歌も教えてくれました。
　次の日、散歩に出て土手に座っていると、また彼の手が私の口元に伸びてきます。昨日彼のお母さんが教えてくれた歌を歌ってみると、ほっとしたような彼の表情に出会えました。

　１８歳で出会ったひろしさんは、今は５０歳。
　暮らしの場を自宅から、「太陽の里」という入所施設に移し、職員や仲間たちと穏やかな毎日を過ごしています。
　彼の部屋に、笑顔で映っている１０代後半の彼と２０代後半の私の写真を、御両親が飾ってくれています。

ハイキング／佐々木省伍

この子を産んで初めて褒められた ❀まきこさん❀

> みぬま福祉会では、法人で「成人を祝う会」を盛大に行うのが慣例になっています。始めの頃、この祝う会で我が子に謝る親御さんが随分いました。「こんなふうに産んでしまってごめんね」と。
> 可愛い我が子のはずなのに、もっと抱きしめてあげたい我が子なのに……。どんなに気持ちを揺らしながら子育てをしてきたのでしょう。
> あらためて我が子を見直す機会、それは実践の中にあります。

　玄関の入り口にあるベンチにドカッと座り、口をへの字に、周りをギョロッと見渡す。「誰もそばに来るな!」オーラ全開。
　それが最初にまきこさんに会ったときの印象です。
「仕事だよ」と声をかけても、プイッとするまきこさん。無理やりにでも作業室に連れていくと、大声を出して大暴れ。
　その繰り返しに職員も困り果ててしまいました。
　学校時代には良い思い出がないようで、「学校」と聞くだけで「行かない!　行かない!」と大騒ぎになってしまいます。
　出会った頃のまきこさんは、家族以外の人との関係を結ぼうとせず、堅い鎧を身に着けているように見えました。
「もう、どうしていいか分からない」
　当時担当していた宮本さんが、涙ながらに相談に来ました。

私も妙案がなく、「今はどうしていいのか分からないけれど、こんなふうになってもらいたい、という希望と期待を持っていることだけは家族に伝えようね」と答えることしかできませんでした。

　一方、まきこさんのお母さんも太陽の家にやってくると、
「うちのまきこは、迷惑しかかけていない」と涙ぐみ、行事があると、
「迷惑をかけるので」と休ませてしまいます。
「迷惑ではない」と分かってもらいたくて、まきこさんと二人で並んで撮った写真も、随分お母さんに見てもらいました。
　私と二人で写っているまきこさんは、どれも笑顔です。
　そこで職員と相談をして、
「初めての場所で、関係がまだできていない人の中にいて、不安が大きいんだろう。何かをしてもらう前に、仲良くなろう」と確認しました。
　活動に誘っても拒否が強かったまきこさんが、散歩にだけは一緒に来てくれました。私は時間が許す限り散歩に行くようにしました。
　この散歩を通じて、まきこさんは私の知らなかった姿をたくさん見せてくれるようになりました。
　表情もない、しゃべろうともしないと思っていたまきこさんですが、
「この花、何？」と道端に咲いている花の名前を聞くと、次からつぎへと見事に答えてくれます。
　季節ごとの歌をリクエストすると、口ずさんでくれます。
「困った人だなぁ」と思っていた私の思いが、「すごいなぁ」に変わっていきました。
　まきこさんが変わったのではなく、私が変わったのです。

そのうち、「絵を描くことが好き」ということがお母さんの話で分かりました。試しに描いてもらうと、目の前に置かれた紙に、嬉々として絵を描き続けるまきこさんの姿がありました。

それを見た私は、宮本さんとこんなやり取りをしました。
「自分は学生時代美術が嫌いで、絵を描くなんてとんでもなかった。

まきこさんは僕の苦手な絵を描くことを、こんなに嬉しそうにやり続けている。楽しそうにやり続けることって才能ではないだろうか？

そうであれば、この才能を生かした社会参加を考えてもいいのではないだろうか？」と。

そして、まきこさんの描いた絵をポストカードにして色々なところに置いてもらい、たくさんの人に見てもらうことにしました。

実際、アーティストとしての才能があったのでしょう。

しばらくすると、まきこさんの描いた絵が展示されたり、本の挿絵として扱われるようになっていきました。

あるとき、まきこさんの絵が美術館に展示されるというので、まきこさんとお母さんを誘って見に行くことにしました。

会場に着くと、何人ものスタッフがまきこさんのところに駆け寄ってきました。
「初対面の人が苦手なまきこさん！　これではパニックになってしまう！」と私は焦ったのですが、目の前には一人ひとりのスタッフと、にこやかに握手をするまきこさんの姿がありました。

あとでそのスタッフの人たちに、どういう気持ちでまきこさんを迎えたのか聞いてみました。

「どんな障害の人かではなく、こんな良い絵を描く人に会いたかったのです」という答えでした。それには本当にショックを受けました。

　私たちは、最初に会うときには職業柄どうしても、「どんな障害なんだろう？」と考えてしまいがちです。その気持ちの違いが、まきこさんの気持ちの違いになっていたのでしょう。

　そのあとお母さんに、「絵のそばに立って、この絵がどんな評価を受けるのか聞いてみてください」と伝えて、絵のそばに立っていてもらうことにしました。

　展示されている絵の作者が障害があることも、そこに立っている女性がまきこさんのお母さんであることも、絵を見る人には分かりません。私も一緒にそばで聞いていると、まきこさんの絵の前で立ち止まった人たちが、

「ワーッ！　可愛い！」「色が素敵！」「線が素晴らしい！」

　と一様に褒めてくれました。お母さんは私に、

「この子を産んで、初めて褒められた！」

　と涙を流しながら伝えてくれました。

　そして最近、県の補助もついて、まきこさんの個人の画集ができました。自宅にお客さんが来ると、まきこさんはその画集を自慢そうに見せるそうです。

　出会った頃は「うちの子は迷惑ばかり……」と泣いていたお母さんが、いまや、「まきこは我が家の宝」と言ってくれています。

　この経験が後に「工房集」（3章「働くⅢ」参照）を考えるきっかけともなりました。

俺は悪魔 ❀ しょうさん ❀

人との関わりの中で、人は傷つきます。ついた傷は、人との関わりの中でしか治っていきません。
長い時間はかかりましたが、太陽の家では、多くの仲間たちが家族とは違う他者との関わりの中で、自分を取り戻していきました。

「困った子がいるんです」と特別支援学校の先生が相談に来ました。
　それがしょうさんとの出会いです。
「言うことを聞かない」「反抗的」「みんなと同じことをやらない」「遅刻が多い」等々、出るわ出るわという状況でした。
　しばらく話を聞かせてもらったあと、
「困った内容はよく分かりましたが、この子の良いところを３つくらい聞かせてください」と返すと、先生は黙ってしまいました。
「毎日学校に来ますか？」と聞くと、
「遅刻はありますが、自転車を使って毎日来ています」
「それだけでもすごいじゃないですか」
　自分がどんな評価をされているのか分かっていても、毎日来るなんてすごいなぁと、率直に思ったからです。
　同じ事実なのに、先生は「遅刻すること」、私は「毎日来ること」に着目していました。
　特別支援学校の実習で、しょうさんを太陽の家で受け入れることにな

りました。私たちの記憶に残っているのは、実習中のしょうさんの姿ではなく、しょうさんの付き添いに来ていた先生の言動です。

しょうさんのそばで腕を組んで仁王立ちになり、
「○○をやれ」とあごで指示をしていました。

この実習を経た後、彼を太陽の家の新規利用者の一人として受け入れることになりました。

受け入れにあたって、付き添っていた先生からの申し送りは、
「奴にはことのほか厳しくしましたが、歯が立ちませんでした」
というものでした。

入所式の日、彼は来ません。

先生たちがあわてて車で迎えに行きました。

あらためて会ったしょうさんの姿には、鬼気迫るものがありました。
「俺は悪魔だ」

これが口癖です。

人に向かって、自分の喉を切り裂くしぐさを見せたりもします。能面のように表情をほとんど動かすこともなく、「俺に近づくな！」オーラを全身で表していました。

木工作業が好きと聞いていたので、箱を作ってもらいました。出来上がった箱を見て、私たちは言葉を失いました。内側から外側に向かって釘が打ってあり、ハリネズミのような箱でした。
「なんでこんなふうに釘を打つの？」と聞くと、
「持つ人が怪我をするように」との答えでした。

母子家庭でごみ屋敷のようなところで育ち、衛生観念もほとんどありません。先生たちにも可愛がられなかった……。
「こんなに気持ちが荒れちゃうんだ」と思わされました。
「しょうさんと仲良くなる」「しょうさんを大切にする」
　それが最初にみんなで確認し合った方針です。
　学校からの申し送りにあったように、ことのほか厳しくされ続けたしょうさんに、「人に優しくしろ！」と叱りつけても意味がないと思ったからです。

　それから、担当職員の定期的な家庭訪問が始まりました。家族との話し合いではなく、しょうさんと一緒に家の掃除をするためです。
「想像を絶する汚さです」というのが、訪問した職員の感想でした。
　毎年、彼のための誕生会も開かれるようになりました。
　数年後、色々な変化が見られるようになってきました。
　彼が病気で入院したときお見舞いに行くと、「ありがとう」と言葉には出さないけれど、「来てくれたんだ」というような表情を見せてくれました。
　誕生会の日、みんなに、
「いつも僕のことを思ってくれてありがとう」
　と感謝の言葉を伝えてくれました。
　単なる「ありがとう」ではなく「いつも僕のことを思ってくれて」と添えてくれた言葉がとても嬉しかったです。

さらに数年経つと、「松本さん俺ね、親友ができたんだ」
と嬉しそうに報告に来てくれました。
　私の部屋の机の上のパソコンに、同じ班で活動をしているさくらさんの作品が置いてあります。
　これは、ある日その作品を持って訪ねてきたしょうさんに、
「松本さん、こんないい作品があるんですよ。松本さんの部屋はいっぱいお客さんが来るので、松本さんの部屋に置いて宣伝してください」
と依頼されたからです。

さくらハート／成宮咲来

　出会った頃には、「おれは悪魔だ」「箱を持つ人が怪我をするように」と言っていたしょうさんが、他の人のことまで思いやれるようになってくれました。
　無表情だったしょうさんはもういません。いつも笑顔で、会うと必ず彼から声をかけてきてくれます。
　作る作品も、ハリネズミのような箱ではなく、親子をモチーフにしたような作品など、個性的で魅力的なものが作られるようになりました。

　出会ってから１０年目、しょうさんに法人の新任職員研修の講師をしてもらいました。そのとき発表してくれた中からの抜粋です。

43

木工の材料が欲しいとき、職員に相談し、買うものを決めてお金をもらって自分一人で買いに行きます。
そのおつりや領収書をそのままそっくり渡すことができます。そのときに職員が「ありがとう」と言うので、自分のことを信頼してくれているんだなと分かります。
それが嬉しいです。

ホームで自分の部屋にあるパソコンを使い、自分の友だちのためにその人に合った年代の曲や好きだというアーティストの曲を、自分でチョイスして編集して録音したものをプレゼントしています。
「ありがとう」と言って喜ばれると嬉しいです。

新任の皆さん。悩んだときは他の先輩職員に相談してみたらどうでしょう。俺も困ったことがあると職員に相談します。
嬉しいことがあったときもどんどん人に話すと良いでしょう。仲間も嬉しいことがあったら一緒に喜んで欲しいんです。

魔法を見ているみたい ❀ かずえさん ❀

4

障害者施設で働いている私たち支援員の役割とはなんでしょうか？　私がこの仕事についた頃は「指導員」と呼ばれ、「指導」する役割でした。約４０年、障害のある人と関わってきて、「何を指導したか？」の答えは出てきません。

それよりも、自分がどうであったかが重要な気がしています。

「松本さん、ちょっと相談があるんですが……」

と、かずえさんの担当職員の岩田さんがやってきました。

「どうしたの？」と聞くと、

「かずえさんが周りの人と色々トラブルがあって、夕方２時間くらいかけて彼女と話をしたんです。でも、私がトイレに行っている間に帰ってしまったんですよ。

私が２時間かけて話をしてもどうにもならないのに、松本さんが一言声をかけると、彼女はしゃきっとしてしまうではないですか。魔法を見ているみたいです。どういうことなんでしょうか？」

これが岩田さんの相談でした。

「どんな話をしたか聞かせて？」と私。

丁寧に説明をしてくれる岩田さん。

説明を聞き終わった私は一言、

「大切なことが抜けているような気がするんだけれど」

「そんなはずはありません。私は丁寧に話をしました」

「岩田さんの説明は丁寧なんだけれど、私が世界中で一番あなたのことが好きで、一番あなたのことを心配しているよ……ってことが伝わっていないと思うんだよ」

　目の前には「なるほど」という表情の岩田さんがいました。

　かずえさんとは２５年以上の付き合いです。

　色々な施設を転々とし、最後に太陽の家に辿り着きました。

　かずえさんは不安があると、それを目の前に見えている具体的なことに置き換えて表現してしまいます。

　例えば、自宅でお母さんに怒られてしまい気持ちが揺れていると、

「太陽の家の職員が、私のことを殴る蹴るするんです」

などと市役所に言いに行ってしまいます。

　揺れた気持ちを引きずったまま太陽の家にやってきて、他の仲間や職員に八つ当たりすることもよくあります。

　そんなとき、私はかずえさんに部屋に来てもらい、話をします。

「かずえさん、職員があなたのことを殴る蹴るするって聞いたんだけれど、どうなの？」と聞くと、

「そうなんですよ」と嬉しそうに答えるかずえさん。

　かずえさんの中で、あたかも自分が見て経験した事実のように彼女の世界が築かれていきます。

これは、かずえさんが嘘をついているのではなく、自分の中の漠然とした不安や不満を、分かりやすい現実感に置き換えて伝えてしまうからなのです。
　こんなとき私は、「嘘をつくんじゃないよ！」と叱責するのではなく、本当の現実感に戻してあげることを心がけます。
「そうなんだ！　そんな悪いことをする職員なら、太陽の家にいてもらっては困るよね。松本さんは太陽の家の所長だからその職員をクビにしてあげる。だから、どんなことがあったのか、もう少し詳しく教えて？」と、かずえさんに尋ねると、黙ってしまい、
「すみません、そんなことはありませんでした。本当はその職員さんが大好きなので、クビにしないでください」
　とこんなやり取りになります。

僕のすべて／西川泰弘

いつの頃からか、かずえさんは私のことを、

「何があっても守ってくれる人。困ったら助けてくれる人。混乱したら整理してくれる人」と位置付けてくれるようになりました。

　このような関係になってくると、くどくど説得するのではなく、

「かずえさん、今、何をするか分かっているんでしょ」と一声かけるだけで我に返り、しゃきっとできるかずえさんになっていました。

　岩田さんは、この光景を見て、「魔法みたい」と言ったようです。

　2年前の夏の日曜日、かずえさんのお母さんから電話が入りました。

「かずえの具合が悪くて病院に来たら入院を勧められました。そうしたら、かずえが怖がってしまい、嫌だ嫌だとパニックになってしまいました。助けてください」とのことでした。

　すぐに病院に駆け付け、かずえさんに会いました。

　ベッドの上で泣きじゃくっているかずえさん。

「どうしたの？」と聞くと、

「具合が悪いので病院に来たら、入院って言われたんです。私の知っている人は入院するとみんな死んじゃったんですよ。私も死んでしまうのではないかと思うと怖いんです」

「かずえさん、今、とっても具合が悪いよね。このままでは太陽の家に通えないよね。かずえさんは、太陽の家の仲間や職員や仕事が大好きだよね」

「はい」

「それじゃぁ、ちゃんと病気を治そうよ。松本さんも山内さん（担当職員）も毎日お見舞いに来るから頑張れるかな？」

48　　1章4話　魔法を見ているみたい……かずえさん

「はい！」と決心してくれたかずえさんでした。

　そして検査をすることになりました。
　かずえさんは膀胱の病気だったので、尿道口から管を入れて膀胱の様子を見るという検査で、痛みも伴うそうです。担当の山内さんが心配そうに、「どうしますか？」と相談に来ました。私は、
「女の子だし、デリケートな検査なので、お医者さんに説明をしてもらい、本人が怖がって嫌がるようだったら、他の方法をお医者さんと相談しよう」と答えました。

　後日、山内さんの報告に私は感動をしてしまいました。
　お医者さんの説明を聞いたあと、かずえさんは、
「私は太陽の家が大好きで、また太陽の家に通いたいので、どんな辛い検査でもします」と答えたそうです。
　検査は辛かったようで、検査室の前で待っている山内さんの耳に、
「松本さーん！　山内さーん！」
と叫ぶかずえさんの声が聞こえていたということでした。

　その後、入院中はしっかりと過ごし、病気を治して太陽の家に復帰してくれたかずえさん。私や山内さんが毎日お見舞いに行ったのは言うまでもありません。
　出会った責任。それは、かずえさんが期待してくれている自分であり続けることだと思いました。

49

分かるようになった ❀ともひろさん❀

5

色々な事業所から、「困った人がいるんです。なんだか暴れて
しょうがないんです」というような相談をよく受けます。
実際にその事業所に行って、その人や関わり方を見ていると、そ
こには「なんだか暴れている」のではなく、「こういうことだっ
たんだ！」という事情が必ず見えてきます。

私は「みぬま福祉会太陽の家」の二期生。

ともひろさんは一期生で、数少ない私の先輩の一人です。

彼と出会った頃の印象は、

「なんだかよく暴れている……」

「この人は、物事には道理や手順、ルール、初めと終わり──そんなこ
とがあるなんて、全然分からないんだな」というものでした。

いったん暴れだすと暴れることに興奮してしまい、そもそもなんで暴
れ始めたのかが自分でも分からなくなってしまうため、落ち着くのに半
日がかりということもよくありました。

皆で外食に行くときも、自分よりも早く他の人が頼んだものがきて、
その人が食べ始めると、暴れ始めてしまいます。目の前に置かれたら自
分が食べるものと認識していたのでしょう。

そのため、外食のときには高橋さん（現理事長）と私が両側に座り、
事が起きたらすぐに対応できるように準備をしていたほどです。

50　　1章5話　分かるようになった……ともひろさん

人にはほとんど関心を示さず、太陽の家にやってくるとレコードプレイヤーに向かい、お気に入りの歌のお気に入りのフレーズを、何度も何度も際限なく聞いています。

　通常よりも早い回転数のため、私たちには聞き取れません。

「機械よりも人間に興味を持ってもらえたら」という願いで、彼が帰ったあと、通常の回転数でレコードを聴いてその歌を覚え、送迎中に歌ってみると、嬉しそうな姿を見せてくれるようになってきました。

　彼は、特別支援学校（当時は養護学校）の設置義務化以前に学齢期を迎えていました。そのため、学校生活の当初は、重い障害について不理解な教育環境の中に置かれてしまうということになりました。

　残念ながら、彼は学校教育の前半に体罰を受けてしまったようで、父親以外のおとなの男性が怖くなってしまっていました。

「学校から帰ったら裸にして、傷がないかを調べるのが日課だった」

　とお母さんが教えてくれました。学校の先生が様子を見に来たときには、窓から飛び出して逃げてしまったほどです。

　彼と一緒に団地に廃品回収に行ったときのこと、コーヒーの自動販売機を見つけた彼は、「飲みたい」と訴えてきます。

「小銭を持ってきていないから、飲めないよ」

　と伝えても気持ちが収まらず、大暴れになってしまいました。

　彼をなだめている間に黒山の人だかりになってしまい、交通整理が出るほどでした。その人だかりの中から、

「もう、殴ってしまえ！」と罵声を浴びせられました。

51

彼を抑えながら、声の方に向かって、

「殴らないんです！」

と訴えたことを今でも鮮明に覚えています。

ある日、太陽の家にやってきたともひろさんは、朝から暴れ始めました。対応をしても事情が分からず、彼の興奮はますますエスカレートしていきます。つかみ合い、取っ組み合いで半日が過ぎた頃、ふと気がつくと彼が失禁していました。

「あれっ！」と思い、「おしっこしたかったの？」と聞くと、うなずいてウソのように興奮が収まりました。

私も彼も泣いてしまいました。私は分かってあげられなかったふがいなさに、彼は分かってもらえた安堵感の涙でした

彼は急に制止されたり、禁止的な声をかけられただけでもパニックになってしまいます。

動き回っている彼に、「うろうろするな！」とか、誰かが飲んでいるお茶を横から来て飲み始めたとき、「ダメだよ！」と声をかけただけでも大パニックです。私は、イスを持ってきて、

「松本さんの隣に座っていいよ」とか、

「飲みたかったの？　コップを持って来な。松本さんのを半分上げるよ」と声をかけます。

すると不思議に、パニックにもならず、すっと座ったり、コップに注がれたお茶を落ち着いて飲める、ともひろさんです。

ともひろさんとは一緒に仕事をしたり、旅行に行ったり、喫茶店でお茶を飲んだり、色々な時間を共に過ごしてきました。

　彼と二人で写っている写真をお母さんに見せると、
「うちのともひろが、父親以外の男性にこんなに気持ちを許すようになるなんて思ってもいなかった」と言ってくれました。

　別の日、お母さんが私のところに来て、
「松本さん、ともひろと外食に行ったんだよ。ともひろが頼んだものより、私が頼んだものが先にきちゃって、あ〜もうこれはダメだと思い、私のものをともひろに差し出して『食べな』と言ったら、『母さんの』と言ってこっちに戻すんだよ！　ともひろは１０年かかって人間になったんだよ」と言ってくれました。

　１８歳で出会ったともひろさんは５０歳代になり、お母さんも８０歳を迎えました。

　先日お母さんと話をしました。
「みんな、ともひろが落ち着いたって言うけど、そんなに簡単に言って欲しくないんだよねぇ」とお母さん。
「そうだよねぇ、一緒に苦労したもん」
「ともひろは、落ち着いたんじゃなくて、分かるようになったんだよ！」
「そうだよね！」
　本当にそう思います。

コラム　障害の理解と障害者の理解

　あるとき職員から、
「仲間の納豆をかき回す手が止まらない。いつまでかき回したらいいのかが分からないようで」という悩みが話されました。
　それは知的障害の重い人の特徴で、あんばいが苦手なのです。
「納豆をどこまでかき回していいのか、加減が分からないんだから、本人に聞いて砂時計を置いてあげるとか、何か約束事をすれば？」
　と話しました。
　同じようなことでアイロンかけなども苦手です。どの程度というのが分かりづらいのです。
　このことは、「障害の特性の理解」と「障害があるその人自身の人格や願いの理解」という二側面があることを知ることが大事であり、どちらか片方だけだと落とし穴が待っていることを教えてくれます。

　例えば、太陽の家では調理実習をよくやります。
　おしゃべりはできますが、知的障害の重い人に、「目玉焼きを作るけど、卵割れる？」と聞いてみました。
「割れる」というので、「じゃあ割っといて」と頼みました。
　すると壁に向かって投げて割っていました。
「なるほど〜」と思ってしまって、もう怒れなかったということがありました。

別な人の話。仲間の財布からお金を盗むということがありました。
「生まれたときから、絶対家の財布には手をつけさせなかったし、やってはいけないと教えてきた」
　というご両親の話なので、本人に聞いてみると、
「家の財布じゃないも〜ん」という返事でした。
「あ〜あ、なるほど」と納得。これは知的障害の特性なのです。
　１を言って１０を知るではない。１は１だということの理解をしておく必要があります。実践的に学ばされることがとても多いのです。

　では、障害者の理解とはなんでしょうか？　私たちは、「支援」という仕事をするときに、「障害の支援」という意識になりがちですが、実は「障害のある人の支援」なのです。
　彼らも私たちと同じ時代を生き、人格や人権の主体者であることを忘れてはいけないと思っています。
　彼らの痛みや願い、思いに寄り添いながら支援をすることが大切です。

無題／箭内裕樹

6 一番好きで一番怖い ❀たかひこさん❀

太陽の家で出会う仲間は、色々な問題を抱えてやってきます。
そのことを理由に施設利用を断られ、行き場もなく、最後に太陽の家に辿り着いた人たちです。
衝動性が原因で問題を起こす場合、その状態を改善していくためには膨大な時間と関係性の構築が必要になります。
その中で、期待されている自分と裏切れない他者の存在が意識の中で根付いていくと、自制心の根拠になり問題が減っていきます。

　当時、たかひこさんは衝動性が高く、施設を飛び出す、お金や物を盗む、勝手に他人の家に上がり込む、などの問題を抱えていました。

　そのような状況なので、その施設にはいられなくなり、太陽の家の利用希望者として、私がたかひこさんとお母さんと面接をすることになりました。

「たかひこ、団地の１４階から飛び降りて死んでくれ！」

　初対面の私が目の前にいるのに、私の存在などお構いなく、お母さんは彼に言い放ちます。

「お前がいると、あの団地で暮らせなくなる。だから死んできてくれ」

　そして私には、

「北海道の施設に入れて欲しい。間に海があれば帰ってこないから」

　と訴えてきました。

「お母さん、そんなに彼が嫌いになっちゃったの？」と問うと、

「もう、どうしていいのか分からない」
　とお母さんは泣き始めました。

「あなたは、どうしたいの？」と、たかひこさんに聞いてみました。
「他人の家に上がり込みたい、物やお金を盗みたい」
　と返事するだろうと思っていました。そう言ったら、
「あなたの来るところはここではないよ。病院へ行こうね」
　と断るつもりでした。ところが意に反して帰ってきた彼の言葉は、
「みんなと働きたい」でした。
　この一言で彼の受け入れを決めました。彼が正しいと思ったからです。
　続けて彼に話を聞くと、指を折りながら、
「他人の家に勝手に入らない、物は勝手に取らない、お金も取らない、
飛び出さない……」など、１０個くらいの禁止事項を教えてくれました。
　たぶん、問題を起こすたびに、
「分かった？　言ってごらん」
「〇〇しません」
　というやり取りがあり、「〇〇しません」と彼が言うことで、お説教
から解放されるという構造になっていたのでしょう。

　しかし、実際の彼は、指を折りながら言えることと実態とが、ものす
ごくかけ離れていました。
　衝動性が立ち上がると飛び出して行きます。職員に見つかると呼び止
められるので、建物の脇を匍匐前進で進み、施錠されている門をひょい
と飛び越えて走り去っていきます。

気づいた職員が車で追いかけると、藪の中に逃げ込んでいき、そのまま行方不明になります。
　彼の行動はパターン化していて、飛び出したあと、無賃乗車でアメ横や奈良、京都に行き、その間に様々な問題を起こすというものでした。

　飛び出していく彼の背中を見ながら、不謹慎ですが、
「大したもんだ。この人は塀を高くしても、鍵を増やしても飛び出していくんだろうな」と思ったものです。
　職員と相談して、
「やってはいけないことではなく、やらなくてはいけないことを約束の軸にしよう」
「自分たちが彼にとって背中で語れる職員になろう。そのことが彼の自制心の根拠になることを目指そう」ということを当面の取り組みの課題にしました。
　それでも、問題はなかなか収まらず、捕まった彼を警察に引き取りに行く日々がしばらく続きました。

がいこつアメリカンチェリーさくらんぼ／大倉史子

そんな彼が、5年目くらいから急激に落ち着きを見せるようになりました。

　その頃、彼が言い出した言葉に特徴的なものがありました。

「松本さんが一番好きで、一番怖い」です。

「一番好き」な理由は簡単です。

　警察に捕まった彼を引き取ったり、精神病院に入院させられた彼を引き取ったのが私です。彼にとっては、困ったとき助けてくれるのが「松本さん」なのですから。

　では、「一番怖い」とはなんだったのでしょう。

　私は彼に対して、殴る蹴るなどをしたことはありません。

　なかなか答えが出ずに過ごしていたのですが、ある日思い当たる節に気づきました。

　その日、飛び出した彼は、お気に入りのアメ横や、奈良、京都に行く前に問題を起こし、警察に捕まってしまいました。

　いつものように私が警察に彼を引き取りに行き、太陽の家に戻って彼と二人で話をしたときのことです。

　私は密かに、「ごめんなさい」と言ってくれる彼を期待したのですが、彼の口から出た言葉は、「これからアメ横に行く！」でした。

　この言葉を聞いた私は"プツン！"としてしまい、気づくと彼の胸ぐらをつかみ、

「お前と俺の5年間を返してくれ！」

　と泣きながら詰め寄っていたのです。

　彼の背中が当たったスチールロッカーのガラス戸が砕けていきました。

59

「あっ！　まずい」と我に返り手を離し、彼をあらためて見ると、困ったような顔をしているのです。初めて見せる姿でした。
「好きな人を泣かせちゃった！　それはだめなこと」
　と彼が気づいた瞬間です。

　その後から、衝動性が高まると彼自ら私や職員に、「〇〇したい！」と言いに来てくれるようになりました。
「それ、どうするの？」と問いかけると、
「我慢する」「みんなの約束」などと言いながら、自制ができるようになっていきました。

　出会って２０年以上が経ち、彼の衝動性は消えたわけではないようです。時々頭を抱えながら、「何も企んでいない！」と訴えに来ます。
「大丈夫？」と返すと、「あやしくない、大丈夫」と言葉にしながら、一生懸命自制する彼です。

　ある日、他の仲間と一緒に公園清掃をしているたかひこさんの様子をお母さんに見てもらうことにしました。
「うちの子が公園清掃をするなんて！　何をしでかすか分からない」
　とお母さんから大反対されたからです。
　たかひこさんに気づかれないように、公園のそばにあるビルの２階からたかひこさんの様子を見ていたお母さんが、
「松本さん、うちみたいな子でも人様のお役に立つんだねぇ」
　と嬉しそうに言ってくれました。

60　　1章6話　一番好きで一番怖い……たかひこさん

出会ったときには「死んでくれ」と言っていたお母さんは、今では彼の頭をなでながら、
「松本さん、あと何を言ってやれば、もっと良い子になるかなぁ」
　と言ってくれます。

飛行機／渡邉あや

特別扱い ❀ たかひろさん ❀

色々な施設に行くと、相談を受けることがよくあります。
その中で比較的多いのが、「あんな子がいるから、うちの子まで手が回らない。あんな子は辞めさせて欲しい！」という家族からの苦情です。
家族にとってみると、機械的な平等は分かりやすく、安心できるかと思います。しかし、仲間たちの日常は常に揺れ動いていて、特別扱いが必要なことが多々あります。等しく大切な人が特別な状態になったとき、特別な配慮をする、特別な扱いをする平等性。障害のある人と向き合うとき、それもとても大切な価値観です。

　ある日の夜、太陽の家の会議室に私たち職員と、たかひろさんのご両親がテーブルを囲んで座っていました。
　お父さんから、
「たかひろは肺がんです。手術などは行わず、みんなの中で生きていくことが本人と家族の願いです」
と切り出されました。
　手術を行わないという選択をした時点で、相当重篤な状況にあることは分かりました。職員は返す言葉もなく、シーンと水を打ったように黙りこくってしまいました。
　そのときです。たかひろさんが普段暮らしているホームの職員の石田さんが、「大丈夫ですよ。なんとかしますよ！」と言ってくれました。

この一言が誘い水になって、たかひろさんの利用を断る理由探しではなく、どうやったらたかひろさんを守れるのかという議論になっていきました。

　後日、石田さんに、
「石田さん、よくあの一言が言えたねぇ！　すごいよ！　どんな根拠で答えたの？」と私が聞くと、
「ああいうときは、あんなふうに答えるものです」
　と石田さんは涼しい顔で答えてくれました。
　あらためてすごい人だなぁと感心させられました。
　石田さんと同じように、ホームでたかひろさんを支えてくれていた野崎さんとは、
「ご家族は、自宅で引き取って最期を看取るという選択肢もあるのに、みんなの中で生きることを選んでいるよねぇ。どこで死なせてあげるかではなく、どこで生きさせてあげたいのか……。すごい選択だよねぇ。その思いに応えようね」という話をしました。

　当時担当していた職員の佐藤さんは、
「みんな平等に大切なのに、彼だけを特別扱いしてもいいのですか？」
　と相談に来てくれました。私は、
「等しく大切な人が特別な状態を迎えたのだから、特別な配慮をしよう。その代わり、次に同じように特別な状態を迎えた人がいたら、たかひろさんと同じように特別な配慮をする覚悟をしておこう」と答えました。
　後日、佐藤さんから、

63

「松本さん、なんでたかひろさんを特別扱いするのかの説明を他の仲間たちにもしてください」

と依頼があり、私が説明をすることになりました。

私は仲間たちに1本のボールペンを見せて、

「このボールペンとたかひろさんと、どちらが大切ですか？」

と問いかけました。当然仲間たちは、

「たかひろさん！」と答えてくれます。

「なんでだろう？」と私が問いかけ直すと、みんな困った顔になって、

「？？？」と首をかしげました。

「ボールペンが無くなったらどうしますか？」

「文房具屋さんで買ってきます」と仲間たち。

「では、たかひろさんがいなくなったらどうしますか？」

私の問いに、みんなは、「ハッ！」とした顔になってくれました。

「そう、欠けると替えがないから、かけがえがないと言うんです。たかひろさんはかけがえのない人ですね。そのたかひろさんが重い病気になって、これから戦っていきます。みんなもできる限り応援してください！」と言うと、みんな大きくうなずいてくれました。

その後彼は、太陽の家の隣にある病院に入院し、そこで最期を迎えることになります。

ちょうどその日はみぬま福祉会の総会で、移動中にお母さんから、「もう危ない」と連絡が入りました。総会を休むわけにもいかないので、「お母さん、総会が終わったらすぐ駆け付けるので、それまで松本を待つように彼に伝えてください」と頼みました。

私が駆け付けるまでの間、彼に会いに行った職員一人ひとりの顔を見ながら、言葉のない彼が何か訴え続けていたそうです。

　私がベッドサイドに辿り着いたときも、しっかりと私の顔を見て、何か訴えかけてくれました。危篤になってから奇跡のような数時間だったと、お母さんが言ってくれました。

　その翌日彼は最期を迎えました。

　ふだん太陽の家の送迎バスの帰りは１５時半に出ます。

　たかひろさんのお母さんから、

「自宅から葬祭場に行くとき、太陽の家の前を通ってもらえることになりました。みなさんにお別れの挨拶をしたいのですが、通る時間が送迎バスの出発のあとなんです……」と連絡が入りました。

　すぐに仲間たちの自治会に相談しました。

「たかひろさんが、最期に太陽の家の前を通ってお別れをしたいんだって。でも通る時間が帰りのバスが出たあとなんだけど、どうしたらいいかな？」

「簡単じゃないですか、バスの出発時間を遅らせればいいんですよ」

　という仲間たちの返事でした。

　家族会にも事情を話し、その日の帰りのバスの出発時間を遅らせ、仲間、職員全員で彼を見送ることができました。

「バスの時間を遅らせばいい」と答えてくれたのは、ある期間特別扱いを受けた仲間たちでした。

8 優しくしないで ❁ よしひとさん ❁

以前、私たちのような支援員は「指導員」と呼ばれていました。
言葉は概念を規定していきます。「指導員」と呼ばれると指導員
のような気になっていき、仲間たちに指導が始まります。
仲間たちが求めているのは指導されることではなく、困ったとき、
嬉しいときそばにいて、一緒に感じてくれる存在のようです。

「彼は権威には弱いので、松本さんは所長らしく振舞ってください」

これが、よしひとさんを受け入れるときの学校からの申し送りでした。

「それはやりません。松本という人格で彼と向き合います」

と宣言して、彼の受け入れをしました。

よしひとさんは、他の人との調整がうまくできません。タイミングが
悪いと、声をかけられただけで大パニックになり、大声を出してのたう
ちまわります。

そんな彼なので、外出時にもいろいろなトラブルが起きました。

一泊旅行では、朝食バイキングで一緒に食堂まで行ったものの、中居
さんに「おはようございます」とトレイを手渡されただけで、大パニッ
クになってしまいました。

トイレに入ろうとしたら、鍵をかけ忘れた先客がいた。それだけで大
騒ぎになってしまいます。

それで事情が分からない周囲の人たちに通報され、警察署に連行されることもよくありました。落ち着くと、色々話ができる彼なので、事情を聞かれたあとはパトカーに乗せられて太陽の家に戻ってきます。

「松本さん、こういうときは彼にどんな声をかけてあげればいいんでしょう？」と職員から相談を受けたので、

「そうだなぁ、自分だったら『大変だったねぇ』と声をかけるかな」

　と答えると、不思議そうな顔をした職員。

「だって、悪いことをしたんじゃなくて、誤解されて警察に連れていかれてしまったんだから、そうじゃない？」

　と重ねて言うと、納得した職員がパトカーから降りてきた彼に、

「大変だったねぇ」

　と声をかけると、意に反してパニックになってしまいました。

　何か叫んでいるのでよく聞いてみると、

「優しくしないでくれ！　罰をくれ！」でした。

　私の部屋に来てくれた彼に、「罰って何？」と聞くと、「登校禁止」「正座」「給食抜き」と次から次へと伝えてくれます。

　太陽の家ではそんな「罰」を与えるという実態は存在しないので、今までは「まあまあ」となだめていました。

　しかし、それでは彼の気持ちは収まらず、自分で自分の体を紐でしばりつけ、転げ回ってしまいます。

「よしひと君、失敗をしてしまったんで罰が欲しいんだ？」

　と聞くとうなずく彼。

67

「失敗をすると太陽の家に来づらくなるの？」「そう」

「それじゃあ、恥ずかしくて来づらくても、太陽の家に来ることが罰だと思ってよ」と伝えると、彼はびっくりした表情になりましたが、反論したり、パニックになることもなく話し合いが終わり、翌日もやってきてくれました。

　こんなやり取りが続くと、彼は困ったり悩んだりすると相談に来てくれるようになりました。

　彼が私の部屋に来たとき、職員が隣室の壁にコップを当てて聞いていたので、「何やってんの？」と聞くと、

「私たちが声をかけると大パニックになってしまうのに、彼は松本さんと話をすると笑うじゃないですか。なんでだろうと思って？」

「あんたたちは、彼と話すとき、今日の話の着地点はこことイメージして誘導するでしょ。自分は、話の方向性はイメージするけど、着地点は彼と決めるもん」と答えました。

　実際、彼の話を私が否定をするどころか、時には感心して聞くので彼は話しやすかったようです。

　彼は自分よりも障害が重く、動き回ってしまうような仲間が怖くて仕方がありません。そういう仲間が自分のそばに来ると、

「そばに来るな！　自閉症死ね！」と大騒ぎになります。彼を呼んで、

「あなたが『自閉症死ね！』と言っている仲間たちは、それが自分のことなんて分からないよ。そうだったら、例えば、『松本そばに来るな！』と名前を言ってあげたほうが分かりやすいんじゃない？」

と彼に伝えました。彼から返ってきた答えは、

「ダメ！　それだと個人情報保護法に違反するから」でした。

　そういうとき私は、「そうだよねぇ～」と感心してしまうのでした。

　新型インフルエンザが流行ったとき、彼は青い顔をして私のところに相談に来ました。

「インターネットで調べたら、夜更かしと不摂生が一番危ない。自分は夜更かしと不摂生なので、このままだと新型インフルエンザにかかって死んでしまうのではないか？　どうしたらいいんだろう？」

「夜更かしと不摂生はやめられないの？」と聞くと、

「それだけはやめられない」という返事。少し考えて私は、

「そうか、松本さんだったら、死んでも仕方がないって覚悟をするね」と彼に言うと、「そうか！」と妙に納得して部屋を出ていきました。

　ある日、彼がいきなり私の目の前に定期券大の紙を差し出しました。びっくりして、「なんだろう？」とよく見てみると、通っている塾の数学の試験が受かり、級が上がった証明書だったのです。

「昇級したんだ！」と彼に言うと、嬉しそうにうなずきました。

「おめでとう！」と手を差し出すと、普通に握手をしてくれました。

　握手をしたあとで、彼の一番苦手なことを思わずしてしまったことに気づき、少し自分に怒っていました。

　彼との付き合いの中で、彼自身が困ったときと嬉しいときに、伝えたい相手として私を選んでくれたことが、ちょっぴり嬉しかった瞬間でした。

こんな体だよ、こんな体でも ❀あつやさん❀

> 同じ現実なのに、考え方を変えるだけで、まるで別の光景が見えることがあります。
> 絶望的に思える現実でも、発想の転換をすることで希望に変わっていきます。

　あつやさんは車椅子を使っていて、体の自由がほとんどありません。手も足も思うように動かず、独りで座ることもできません。

　口にも麻痺があり、話すことも食事をとることも一苦労です。一番自由に動くのが眼球です。

　ですから、生活全般が他者の介護や支援で成り立っている状態です。

　彼と出会った頃、

「あつやさん、将来についてどう考えているの？」と聞くと、

「松本さん、こんな体だよ。何ができるの？」と返ってきました。

　私は、その言葉に何も言うことができませんでした。

　それでも、彼の動くところを生かして、何かできないかと色々調べてみると、障害者用のパソコンを作っている業者に辿り着きました。

　そこでその業者に、デモンストレーションをしてもらうことになりました。

　そのとき持ってきてくれたパソコンは、頬や腕、足のわずかな動きを

センサーで感知し、入力していくというものでした。

　時間をかけて調整をしながら、あつやさんに挑戦してもらいましたが、最後に業者から「無理です」と言われてしまいました。

　随分期待していたあつやさんをがっかりさせてしまい、申し訳ない気持ちでいっぱいになってしまいました。

　その後、あつやさんはほかの仲間と一緒に、隣にある病院の駐車場で古本販売をすることになりました。

　体制上職員が付くことができなかったため、あつやさんを含めた仲間だけで販売してもらいました。

　日常生活では、他者の手を借りなければ成り立たないあつやさんが、店番では、自分に責任を持たなくてはなりません。お釣りをごまかされたり、お金を持ち逃げされたり……と色々なことがありました。

　そのたびに、お客である患者さんたちが助けてくれたり、施設に報告に来てくれたりするようになりました。

　固定客も増えていき、病院で販売をしていない日には、施設までお客さんが来てくれるまでになりました。

　このような周辺の変化と成果を感じたあつやさんは、自分に責任が持てる時間がとても良かったようです。

　古本販売にも積極的になり、他の仲間や担当職員と話し合いを持つ光景が日常になっていきました。

　こうして数年が経ったある日、あつやさんから「山登りがしたい」という要望が出ました。

太陽の家では、施設旅行の企画の一つに山登りがあり、２千メートル位の山に登るのが恒例になっていました。

　あつやさんと一緒に古本販売をしている、車椅子の仲間が山登りをしたことも、大きな刺激になったようです。

　その山登りをした仲間は、手が比較的自由に使えたため、ボランティアさんにおぶわれて登山をしました。

　しかし、彼よりもずっと障害の重いあつやさんを、私たちがおぶうことができません。

　当時担当職員だった黒田さん（現川口太陽の家施設長）は、おみこしのような車椅子を思いつき、業者に発注しました。

　出来上がった特注の車椅子は、座面の前後におみこしの担ぎ棒のように長い棒がついていて、１本につき２人、合計８人で担いで登れるようになっています。２０万円くらいかかったでしょうか。

　理事長の高橋さんから連絡が入りました。

「松本さん、２０万円で特注の車椅子を作ったんだって？　１０万円以上は理事長の決済が必要なんだけどなぁ。もう注文しちゃったんでしょ」

「はい、すみません」

「心意気に免じて許すよ」

　そんなやり取りも懐かしい思い出です。

　いよいよ本番。私たち職員では担ぎきれないので、山登りをしている大学生の男性を何人かボランティアで頼み、８人で車椅子を担いでの登山が始まりました。

72　　1章9話　こんな体だよ、こんな体でも……あつやさん

登り始めの頃は、
「松本さんは担がずに、車椅子の前や後ろから指示してください」
　と黒田さんは言っていたのに、しばらくすると、
「やっぱり一緒に担いでください」
　というわけで、私も一緒に担ぐことになり、おみこしのように疲れたら交代していくというやり方で登って行きました。
　垂直に切り立った場所になると、いったん車椅子を下ろし、みんなで作戦会議をします。
　こうして、２千メートルの頂上に辿り着いたときの光景は、一生忘れることができません。
　雲一つない青空を、赤とんぼの群れが川のように飛んでいきました。しばらく黙って、あつやさんと眺めていました。
　登山が終わり、大学生を駅まで送ったとき、あつやさんから、
「自分もリフトバスから降りて、学生さんたちにお礼を言いたい」
　と申し出がありました。
　しゃべることも大変なあつやさんが、自分を取り囲む学生さんたち一人ひとりにお礼を言っていました。

　こんな経験を積み重ねていくと、あつやさんから、
「松本さん、こんな体でも何かできるかな？」
　と質問が出るようになりました。
　出会った頃には、「こんな体だよ」と自分に希望を持てなかったあつやさんが、自分に希望を持つようになっていってくれました。

生きている意味 ❀ まみさん、ゆきおさん ❀

残念ながら重い障害がある人の中には、我々が予期しているより
もずっと早く人生が終わる人たちがいます。
生き死にに関わるぎりぎりのところで、踏ん張れるかどうか……。
踏ん張れる人たちには共通点があるように思えます。

＝まみさん＝

「もう、笑顔もなくなってしまい、お医者さんから本人が一番好きな人
を呼んでお別れの挨拶をしたほうがいいと言われたので、松本さん来て
くれませんか？」

　とまみさんのお母さんから電話が入りました。

　私はすぐに病院に駆け付けました。

　まみさんは、身体障害や知的障害がとても重く、日常生活のほとんど
を他者の介助に頼らざるを得ないといった状況の人です。

　私はなんだか彼女とは気が合い、車椅子からの抱え上げや介助用ベッ
ドへの移動のときに、私が介助に入ると笑顔で迎えてくれていました。

　言葉はありませんが、他愛もない世間話を交わせるような間柄で、私
は彼女の抱え具合で体調の変化が分かるくらいになっていました。

　病室に急ぎ、外から見えたまみさんは、確かに表情がなくなっていて、

ぼーっとした表情で天井を見つめていました。

　枕元まで行き、彼女の顔を覗き込みながら、
「まみさん！　松本だよ」
　と声をかけると、はっと生気が戻り、私のことが分かったようで、大きく笑ってくれました。それを見てお母さんは、
「まだ力が残っている。まみ！　また、太陽の家に行こうね！」
　と声をかけてくれました。

　あれから３０年近く経ち、まみさんはみぬま福祉会で運営している入所施設で元気に暮らしています。
　その施設に行くことがあると、彼女は私を見つけ、遠くからでも笑いかけてくれます。彼女はちゃんと私のことを認識してくれているのです。たまに慣れない背広など着ていると、「あんた誰？」といった表情で見られてしまいます。

無題／渡辺孝雄

75

先日、まみさんのお母さんと久しぶりに話をする機会がありました。
「実は、まみが大好きだった犬が、今年の４月に亡くなってしまったんですよ。まみと一緒に留守番をしていた犬です。まみも随分悲しみました」とお母さん。
「そうですか。でも大きく崩れなかったのは、みんなと暮らしてきた実績が彼女を強く支えてくれているのかなぁ？　大好きな犬が死んでしまったことはとても悲しいけれど、それとは別に大切なものがある実感が、彼女を支えているんじゃないかなぁ」
「そう思います」

　好きな人や場所や活動が、彼女の人生を支えていて、彼女のその思いが周りの人を励ましています。

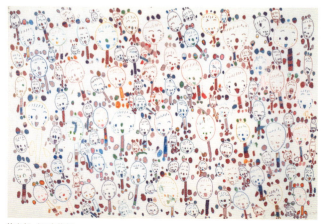

茶太郎／田中悠紀

＝ゆきおさん＝

　出張中の私に、

「ゆきおさんが救急搬送されました。心肺の機能の状態が悪く、危ない

状況です」と電話が入りました。

　私が行ったからといって、なんの役に立てるわけではないのですが、

「とにかく行かなくちゃ！」という思いで病院に向かいました。

　病院に着くと、お母さんは待合室、ゆきおさんは集中治療室にいて、

お母さんもゆきおさんの現状は分からないということでした。

　ただ、お母さんですら枕元にいられないくらいなので、相当な状況な

のだろうと想像ができました。

　私もお母さんも言いようのない不安の中、ずっと彼との出会いから今

に至るまでの話を繰り返ししていました。

　私とゆきおさんとの出会いはとても変わっていました。

　元々彼は地域の別の作業所に通っていました。彼のお母さんが入院に

なり、その施設では送迎がないので、送迎をして欲しいという依頼の中

で出会った人です。

　太陽の送迎バスで他の施設にわざわざ送っていくのは難しいので、お

母さんの入院中は太陽の家に通ってもらうことにしました。

　３０年以上も前の話です。

　お母さんも退院し、太陽の家を利用する最終日、私はゆきおさんに食

堂に呼び出されました。彼は、言葉はありません。

でも私の顔を見るなり、切羽詰まった表情で涙を流しながら手を合わせたのです。

「まだ、太陽の家にいたいの？」と聞くと、うなずく彼。

「じゃあ、松本さんがあなたのお母さんに頼んでみればいい？」

と言うと、にこっとしてくれました。

　早速お母さんに会い、事の顛末を話すと、

「しょうがない」と苦笑いをしながら了解してくれました。

　その後彼は、他の仲間と一緒に隣にある総合病院の駐車場で、古本販売の仕事を始めました。職員配置の関係で、販売中は職員が付くことができず、仲間だけの販売です。

　開始当初は、病院の患者さんが私のところにやってきて、

「障害者になんて可哀そうなことをさせているんだ！」とクレームを言いに来ることもありました。

　当時は、障害のある人が働くという概念をほとんどの人は持ち合わせておらず、私が悪い施設長で障害者を使って小銭を稼いでいると思ったようです。

　私は、ゆきおさんたちを呼んで、

「あんたたちね、もっと楽しそうに働かなくちゃ。営業スマイルが足りないんだよ。松本さんが誤解されて悪者にされちゃうんだからね！」

と冗談混じりに伝えました。

　古本販売を２０年近く続けたでしょうか。太陽の家のそばでホームを始めることになりました。担当職員と挨拶に地域を回ったときのことです。

「あそこの一軒家で、障害のある人たちが共同生活を始めます」
　と伝えると、
「え〜っ、大丈夫？」と一様に嫌な顔をされてしまいます。
　ところが、「太陽の家です」とあらためて伝えると、
「あー！　古本屋をやっているお兄ちゃんたちか！　じゃあ、頑張って
ね！」と笑顔が返ってくるではありませんか。
　今はホームの数も増え、４〜５人で始めたホームが２０人くらいの利
用になり、それぞれが安心して地域の中で暮らしを積み上げています。
　ゆきおさんたちが切り開いてくれた地域の関係が、みんなを見守って
くれているのです。

〜〜〜〜〜〜〜〜〜

　不安の中で待っていた私たちに、集中治療室での面会が許され、お母
さんが私とゆきおさんの関係を病院に話してくれて、一緒に彼の枕元に
行くことができました。生気のない表情でベッドに横になっているゆき
おさんに、私は思わず、
「何やってんだよ！　心配かけるなよ！」と声をかけてしまいました。
　すると、彼ははっとした表情になり、私がいると分かったようで、
「ごめん！　やっちまった！」というような笑顔を見せてくれました。
　お母さんも、「ゆきおが笑った」と、とても喜んでくれました。

松本さんの顔が
思い出せない ❁みきさん❁

　困難な人を受け入れるとき、私がまず担当者に聞くのは、
「この人は、家庭や学校で可愛がられたり、大切にされた経験を
していますか？」です。
　その経験があるかないかで、問題の収束の仕方が全然違います。
自己肯定感がしっかりある人は、信頼できる他者との関係が、頑
張る意思を持続させたり、衝動性を自制できる根拠になっていき
ます。逆にそこが弱い人は、踏ん張りがきかず、人生が崩れて
いってしまいます。

　みきさん、あなたは今どこで何をしていますか。
　連絡が取れなくなって何年経ったでしょうか。

　みきさんは母子家庭です。お母さんとみきさんには軽い知的障害があ
り、お姉さんは障害まではいかないものの「ボーダー」と言われるくら
いの人でした。
　お母さんが養育放棄をしたため、みきさんは児童養護施設で育ちまし
た。お姉さんはパーマ屋で働いていたそうですが、お母さんの勧めも
あって、ソープランドで売春をしていました。そして、みきさんが高校
生になる頃、お母さんは彼女も売春をさせるつもりで引き取りました。
　ところが、私に会ったときにお母さんはこんなことを言っていました。
「みきは器量が悪いから使えない」

これがお母さんが私に言ったみきさんについての言葉です。

　その言葉に続けて、

「だから、みきには戸籍で稼いでもらう」と言ってきました。

　不法滞在の外国人労働者の偽装結婚のために、戸籍を売ろうというのです。「４０〜５０万円位にはなるから」とお母さんは言っていました。

　そのお母さんも、とうに自分の戸籍は売ってしまっていて、私が見せてもらったお母さんの戸籍は中国名になっていました。

「松本さん、母ちゃんが中国に行かないかって言うんだけれど、危ない話かなぁ？」とみきさんがよく相談に来ました。

「危ないよ！　戸籍は本当に好きな人と出会って、結婚するときだけ動かすんだよ」

　と伝え、戸籍の不受理の申し立ての準備などもしていました。

　これではお母さんと同居させておくと危ないと判断し、みきさんをホームで受けることにしました。

　それでも、お母さんに呼ばれると出て行ってしまいます。

「松本さん、悪い母ちゃんだと分かっているのに、他の人が悪い母親だと言うと腹が立つし、母ちゃんに呼ばれると会いに行きたくなっちゃう」と、みきさんは言うのです。

　母親に呼び出されたみきさんは、しばらく音信不通になってしまいます。「生きていた！」と分かるのは、彼女から、

「松本さん、また母ちゃんが闇金にお金を借りて、取り立てが来て殺されそうだから助けに来て！」という電話が入るときです。

その電話の向こうから、

「松本さんから３万円借りてくれ！」

と怒鳴るお母さんの声が聞こえます。

夜は怖いので、日中に担当職員の宮本さんと助けに行きました。

アパートから少し離れたところに車を止めて電話をし、

「あんただけ、逃げてこい」

と言って、何度か太陽の家に連れ戻していました。

みきさんは、とってもいい人です。

太陽の家ではリーダー格で、ヘルパーの資格も取り、就職の準備をしていました。みんなと一泊旅行に行き、テーブルを挟んで彼女と夕飯を食べていると、

「松本さん、父ちゃんとご飯を食べるってこんな感じかなぁ」

と嬉しそうに言ってくれました。

太陽の家で障害の重い仲間が亡くなり、

「仲間のお葬式は辛い。一度くらい仲間の結婚式に出てみたい」

と私が言うと、

「松本さん何言ってんの、私は就職もするし、結婚もするよ。そのときの仲人は松本さんと宮本さんだよ」と励ましてくれました。

何度目か助け出したとき、みきさんが私に、

「松本さん、私は太陽の家にいれば何をするべきかよく分かるでしょ」

と言ってきました。

「そうだね、頑張っているよね」と答えると、

「でもね、母ちゃんに呼ばれて母ちゃんと一緒にいると、松本さんの顔が思い出せないんだ」とみきさん。
　私は、返す言葉が見つかりませんでした。

　そんなことを何度か繰り返し、何度目だったでしょうか、助け出して太陽の家に戻る車中で、私は思わず、
「もう次はないよ！」と言ってしまいました。
　みきさんにではなく、お母さんに無性に腹が立っていたからです。
　すると、とうとうみきさんから連絡が来なくなり、所在も分からなくなってしまいました。
「次はないよ！」と言ってしまったことが痛恨の極みです。
　みきさんが貯めていたお金は、まだ太陽の家に保管して置いてあります。みきさんが危ない目に合ったとき、使えるようにです。

相合傘、チューリップ／阿部美幸

やってみる ❀たかひこさん❀
12

障害のある人の実践をしていると、つい「失敗しないように」
「何か起きないように」というような意識で行っているときがよ
くあります。視点を変えて、失敗してもらう、そこから一緒に考
える……というようなことが、新しい一歩になることもあります。

　みんなで昼食を食べていると、「あれーっ！」という大きな声が聞こ
えました。

　声のほうを見てみると、食堂で一緒に食事をしていたたかひこさんが、
床に転げ落ちていました。

　彼の座っていた木の椅子の足の１本が、老朽化でしょうか、ぽっきり
折れてしまい、バランスを崩して転んだようです。

　その足をしばらく見ていたたかひこさんは、おもむろに食堂から走っ
て出て行ってしまいました。

「どうしたんだろう」と思って見ていると、息を切らせながら食堂に
帰ってきたその手には、セロハンテープが握られていました。

　たかひこさんは、折れた椅子の足をセロハンテープで直そうと思っ
たようです。

　それに気づいた職員たちは、

「たかひこさんのせいじゃないんだからいいよ、いいよ」

とたかひこさんを止めて、替わりの椅子を持ってこようとしたので、「やらせてあげよう」と職員に言いました。

　一生懸命に折れた足をセロハンテープでつなぐのですが、たかひこさんが座るとまた折れてしまいます。それを何度か繰り返したあと、そばで見ていた私の顔を困ったような表情で見て、
「だめだ〜！」と伝えてくれました。私も、
「だめだったねぇ」と返すと、とうとう諦めた様子。
　その後は何事もなかったかのように、替わりの椅子に座って昼食を食べるたかひこさんの姿がありました。

イス／佐々木華枝

親の死と向き合う ❀ ひさおさん ❀
13

私たちも仲間たちも、学校教育の中で「死」について学ぶ機会は
ほとんどありません。
障害の重い仲間たちが「死」を理解することはとても難しく、一
番身近な親の「死」に出会ったとき、適切な支えがないと崩れて
いってしまう場合があります。

「ちょっと話をしたい」
　と入院中のひさおさんのお母さんに呼ばれました。訪ねていくと、お
母さんはベッドにちょこんと座っていて、私の顔を見るなり、
「末期がんなんだって。余命宣告までされちゃった。それで、松本さん
にお願いがあるの」と切り出されました。
「なんですか？」と聞くと、
「私の死をどうやってひさおに分かってもらったらいいんだろう？」
　ということでした。

　私たちは小学校から大学までの学校教育を受けている間、よほど特別
な卒業論文を書くか、医学系の教育の場にいない限り、「死」について
学ぶ機会はまずありません。
　ひさおさんのお母さんの依頼に、自分だったら彼ににどんな説明をす
るんだろうと自問してみても、いい考えや言葉が浮かんできません。

太陽の家に戻って職員たちに事情を話し、何人かの職員に説明をしてもらいました。

「脳死──」「心肺停止──」「宗教によっては、死んでも魂は生きるって言いますよね」……等々、どれもピンときません。

「知的障害のあるひさおさんに、言語化してお母さんの死を説明することは難しい。実感してもらおう。ただし、親の死は激烈なショックとストレスだから、ひさおさんが一番安心できる人間関係を築いた相手に両脇にいてもらって、お母さんの死に向き合ってもらおう。一人は自分がするから、もう一人は宮本さんね」

　と彼を担当していた職員の宮本さんを指名して、お母さんの死に向き合う取り組みが始まりました。

　入院中のお母さんに会いに行くことから始めました。

　始めの頃は会話も十分にできる状態なので、

「お母さん退院するのか？」

「退院したら旅行に行けるのか？」というひさおさんの問いにも、

「退院するよ。旅行にも行けるよ」

　と答えることができるお母さんでした。

　しかしそのうちにモルヒネの投与が始まり、お母さんの意識が混濁していきました。ひさおさんが「お母さん！　お母さん！」と声をかけても目が開きません。

「お母さんが目を開けない」とひさおさんが言い始めました。

　お母さんの変化に気づいていきます。

お母さんが亡くなり、ご遺体が自宅に戻られたと連絡が入りました。

「お母さんが家に戻ってきたから会いに行こう」

　と彼を誘うと、喜んでついてきてくれました。

　玄関を入ると居間に安置されているお母さんが目に入りました。

　顔に白い布がかぶされ、手を胸の前に組み、頭の上にはお線香が立てられていて、誰が見てもご遺体と分かる状態です。

　私はひさおさんに、

「顔の布を取って、お母さんの顔を撫でてあげな」

　と声をかけると、彼は喜んでお母さんのところに飛んでいきました。ところが顔の布を取ってお母さんの顔を撫でた瞬間、彼の動きが止まりました。

　遺体の冷たさ、死後硬直の硬さ、今までひさおさんが知っているお母さんとは違うお母さんをそこに感じたのでしょう。

　黙りこくってしまった彼と太陽の家に戻ってきました。

　出棺のとき棺に花を入れるので、「ひさおくん、お母さんのところに花を入れてきてあげて」と切り花を手渡すと、「はい」とお母さんの棺に向かいました。

　花を入れて、私の隣に帰ってくるはずのひさおさんが、なかなか帰ってきません。両手を棺に入れて、覗き込んだまま動かなくなっています。

　参列した人たちもざわざわし始めたので、私がそっと後ろから様子を見てみると、ひさおさんは両手の人差し指を使って、一生懸命お母さんの目と口を開けようとしていました。

　私の気配に気づいたひさおさんが、ぱっと振り返り私に、

「開かない！」と言ってきました。私も悲しくなり、

「開かないねぇ！」と答えると、諦めたように手が止まりました。

　火葬場に到着して、棺が閉じられ火葬が始まったので、みんなが控室に移動し始めた廊下で、ひさおさんは最後の抵抗をしました。突然きびすを返して焼き釜に突撃してしまったのです。さすがに危ないので、制止をして事なきを得ました。

「火葬が終わりました」と案内され、お父さんと、ひさおさんと遺骨の確認に行きました。遺骨を目の前にして、

「お母さんだよ」と声をかけると黙ってじーっと見ていました。

　４９日には、お墓への納骨も彼と一緒に見届けました。

　知的障害があり、自閉症があるひさおさんにとって、ご両親がいることは、毎日、おひさまが東の空から上がるくらい当たり前で、なくてはならないことです。

　その一角であるお母さんがいなくなってしまったことで、彼が大きく崩れてしまうのではないかと心配していました。

　ところが、そんな心配をよそに、彼はひょうひょうと毎日を過ごしていきます。

　お母さんが体調を崩したときから、生活の場を自宅からホームに移していたのですが、お母さんが亡くなっても変わることなく、毎日太陽の家に通ってきては、よく知っている仲間や職員と、大好きな織りを続けています。

お母さんとお父さんという、太くてしっかりとした二本の柱だけで彼が支えられているのであれば、お母さんが亡くなった時点で彼のバランスは大きく崩れてしまったことでしょう。
　それが、お父さんやお母さんほどではないにしても、彼にとって大切な何本かの柱ができたことで崩れずにすんだようです。

　ひさおさんのお母さんが亡くなって３年後、今度はお父さんが急逝してしまいます。一人っ子の彼にとっては人生の大きな危機を迎えることになりました。
　お母さんのときには、数ヵ月かけてお母さんの変化を実感しながら、その死を迎え入れることができたのですが、お父さんのときは、お見舞いに行った翌日に亡くなってしまったのです。
　彼にとっては、心の準備ができないまま、お父さんの死と向き合わなくてはなりませんでした。

　実は、ひさおさんが暮らしているホームの責任者の野崎さんと私は、お父さんに亡くなる前日に呼ばれていました。
　病室に入ると、私たちの顔を見たお父さんは苦しい息のなか、
「もう自分はだめです。でも、松本さんや野崎さんがいてくれるので、私はひさおのことは、これっぽっちも可哀そうと思いません。あとはよろしくお願いします」と言葉にしてくれました。
「分かりました」と返事をして病室を出た廊下で、
「そんなわけないよ。父子家庭で一人息子を残して、それも障害の重い

息子を残して死んでいくんだよ、さぞかし無念だろう。だから、自分た
ちはとっても大切なものを託されたと自覚しようね」
　と野崎さんと話をしました。

　その翌朝、お父さんが亡くなったと連絡が入りました。
　行事で外出していたひさおさんに、戻ってから私の部屋に来てもらい、
お父さんの死を伝えることにしました。
　私の部屋にやってきたひさおさんに、
「お父さんはどう？」と聞くと、
「昨日、お見舞いに行ったよ。ベッドで寝てたよ」
　と答えてくれました。
「そうか、実はお父さんが亡くなったって連絡が入ったんだよ」
　と彼に伝えると、大パニックになってしまいました。
　昨日お見舞いに行ったときには、お父さんはちゃんと生きていたので、
ひさおさんが驚くのも無理はありません。
「生きるよ！　生きるよ！　生きていたいよ！」
　と私に大きな声で言ってきます。
「これは言葉で納得させるるのは難しい」と思い、
「ひさおくん、これからお父さんに会いに行こう」と提案しました。

　病院に向かうひさおさんは、いつものようにマイペースで歩く彼では
なく、小走りです。震える指でエレベーターのボタンを押し、お父さん
の安置されている部屋に飛び込んでいきました。
　部屋に入った瞬間、彼は静かになりました。お母さんと同じように、

91

顔に布をかけられ、胸の前で手を組んで横たわっているお父さんを見た
からです。

　立ちすくむひさおさんに、お父さんの枕元に座ってもらいました。

　彼の膝に手を置いて、

「ひさおくん、残念だけどこういうことなんだ。ひさおくんがお父さん
を見送るんだよ。松本さんや宮本さんもいるから頑張ろう」

　と話しかけると、大声を出すこともなく、私の顔をじっと見て耳を傾
けてくれました。

　その日、ホームに帰ったひさおさんはスタッフに、

「黒い服着るんだよ。黒いネクタイもするんだよ」

　と伝えていたそうです。

「一人っ子で、ご長男さんなので、喪主をやらせてあげたい」

　と親戚の方に申し入れました。

「大丈夫ですか？」と不安そうに聞かれましたが、

「私たちが付き添うので任せてください」

　と返すと快諾していただき、ひさおさんがお父さんの葬儀の喪主をす
ることになりました。

　通夜の日、ひさおさんは私の隣に座り、弔問に訪れた人たちに頭を下
げてくれます。知っている人がいると「○○さんのおばさん」と声まで
かけてくれます。

　通夜が終わり、

「ひさおくん、帰るからお父さんに挨拶してきてね」

92　　1章13話　親の死と向き合う……ひさおさん

と声をかけると、お父さんの棺のところまで行き、覗き込んで何かぶつぶつ言っています。

後ろからそっと見てみると、棺を人差し指でコンコン、コンコンとたたきながら、「起きろ、起きろ」と小さな声でつぶやいていました。

私に気づき、ひさおさんが振り向いてくれたので、「起きないねぇ」と声をかけると手が止まり、別れをすませて二人で帰路に着きました。

告別式の日、喪主の挨拶があります。

当時担当していた矢野さんが、夜遅くまでひさおさんに付き添い、お父さんへの手紙を作ってきてくれました。

喪主の挨拶のとき、私が手紙の文字を指でなぞり、それをひさおさんが読み上げていきます。

すべて読み終わり、「良かった」と私がその手紙をポケットに入れると、ひさおさんは私が持っていたマイクをぱっと取り上げ、

「お父さん、ありがとう！」

とはっきりとした声で言ってくれたのです。

これは手紙には書いていない、彼の素晴らしいアドリブでした。

ひさおさんは最後に大きな親孝行をしてくれたように思えました。

納骨の日、一緒に参列させてもらいました。納骨のため、石屋さんがお墓を開けると、安置されている骨壺が見えました。

「お母さんだ！」と指をさしながらひさおさんが言いました。

お母さんの隣にお父さんの骨壺が置かれ、ほっとしてくれたのでしょう。

おはようの挨拶 ❀ たくさん ❀

お母さんたちの前で、太陽の家の話をさせてもらう機会が様々な所であります。そのとき、お母さんたちに、「お子さんはいつから笑いましたか？」と聞くと、大半のお母さんは３ヵ月〜６ヵ月くらいの間に笑い始めたと答えてくれます。

実は、赤ちゃんはお腹の中にいるときから笑っていて、生まれてすぐのときも笑っています。ただそれは原始反射です。

ではなぜ、その時期をお母さんたちは笑い始めとして意識しているのでしょう。

「この子は私が分かるようになったんだ！」という親バカが始まったときなのではないかと思っています。

偶然の出来事に意味を添えていく。それも私たちの大切な役割です。

　太陽の家を改築する前、私が執務をする部屋は、増築棟の２階にありました。

　いつの頃からか、１０時少し前になると、カンカンカンと外階段を上る音がして、たくさんが「おはよう」の挨拶をしに来てくれるようになりました。

　私が出迎えて「おはよう」と応えると、にこっとして、みんなのところに帰っていきます。

　それが、朝のお決まりの風景になっていました。

たくさんは、重い知的障害があり、言葉はありません。

　慣れない場所や、大勢の人がいるところは苦手で、パニックになって
しまいます。そうなると、色々なところに頭突きをして、それがガラス
戸だと割れてしまい、彼も怪我をするということがよくありました。

　太陽の家の入所式の日、慣れない場所で大勢の人に囲まれた彼は、パ
ニックになってしまい、大汗をかきながら太陽の家の中を走り回ってし
まいました。その姿は、私たちが見ても胸が痛くなるような光景でした。

　記念写真撮影も、動き回る彼を、同行してくれた教員が抱きしめてい
るところにみんなが集まり、やっと撮ったというくらいです。

　おそらく初めの頃は、「おはよう」の挨拶が彼の目的だったのではな
く、「ここはどこなんだろう」という探索活動の一環の中で、たまたま
2階にやってきたのではないかと思います。

　外階段を上がってきたたくさんに、私がばったり出会い、思わず「お
はよう！」と挨拶をしたのがきっかけだったようです。

　居合わせた他の職員たちも、「たくさん、おはよう！」と声をかけて
くれるようになっていきました。

　外階段を上がってきたたくさんは、ドアから中を見ているだけで、自
分から中に入ろうとはしません。知らない場所は苦手なのです。

　ある日やってきたたくさんに、
「中に千明さん（事務長）や秀さん（アトリエ輪施設長）もいるから、
挨拶していこうよ」と声をかけ、私が手を差し出すと、私の手をつかん
で建物の中に入ってきてくれました。

「たくさんが、挨拶に来てくれたよ！」
 とみんなのところに連れていくと、千明さん、秀さんも笑顔で、
「たくさんおはよう！」と声をかけてくれます。
 少し照れながら、ぺこっと頭を下げるたくさん。
 こうして、偶然が重なっていくと、「みんなに挨拶をしよう」というたくさんの必然になっていきました。

 私たちが忙しくて、2階に上がってきたたくさんに気づかないでいると、「トントン、トントン」とつま先で、鉄の外階段をそっと蹴る音が聞こえてきます。
 そう、それが「挨拶に来ましたよ！」という彼なりのサインなのです。
「ごめんごめん、気づかなくて。おはよう」と出迎えると、安心したようににこっとしてくれるたくさんです。

ヘリコプター／佐々木華枝

みぬま福祉会では、障害や障害のある人への理解と資金作りのために、毎年、大宮にあるソニックシティの大ホールを使って交響楽団によるコンサートをしています。

　太陽の家の職員と仲間も、このコンサートを見るために参加するのですが、２０００人以上入るホールなので、たくさんにとっては辛い場所になります。

　始めの頃は、入所式と同じように、大汗を流しながらコンサート会場を走り回ってしまい、その後ろを担当職員の青谷さんが追いかけて回るといった様子でした。

　チケットもぎりのところを突破され、大宮駅周辺の雑踏にたくさんが紛れてしまうと、探し出すことは困難なので、追いかけるほうは必死になります。追いかけられるたくさんも、楽しいはずがありません。

　ある年から、私がコンサートの間中、もぎりのところに門番のように立っていることにしました。

　そこで、走ってきたたくさんに「やあ！」と挨拶をして、後ろから追いかけてきた青谷さんに託すようにしたのです。

　それからは、もぎりのところから先に行く心配がなくなったので、追いかけるのではなく、後ろについて様子を見られるようになりました。

　みんなはこのことを、『たくさんのご挨拶』と呼んでいました。

　私も、コンサートのあとお母さんに、

「今年は〇回挨拶に来てくれました」

　と報告するのも恒例になっていました。

97

数年続けていくと、たくさんが私のところに挨拶に来る回数がめっきり減っていき、だいぶ落ち着いてコンサートに参加できるようになっていました。
　最近のお母さんへの報告は、
「ほとんど挨拶に来てくれなかったので寂しかったですよ」
　になっています。

　たくさんと一番仲の良かった担当職員の青谷さんが異動することになり、太陽の家の大きな作業室で、仲間と職員とで送別会が行われました。
　たくさんは、作業室の入口まで来るものの、なかなか中に入ることができません。
　送別会の後半、私が、
「青谷さんの送別会だからおいで」
　と声をかけ、私の座っている隣に椅子を置き、たくさんを誘ってみました。すると、意を決したかのように中に入ってきて、しばらく椅子に座っていました。
　青谷さんは、
「もう、泣きそうでした。最後にすごい花向けをもらいました」
　と喜んでくれました。

ジェットコースター／伊藤裕

選挙 ❀ まゆみさん ❀

15

障害があっても、憲法のもと、権利の主体者である平等性は同じ
です。しかし、本人たちはその自覚が弱いため、関わる私たちが
意識して配慮をしないと、どんどん権利から遠ざかっていってし
まいます。

　数年前、大きな国政選挙があったとき、送迎中の車中で何気なく、
「選挙に行くの?」とまゆみさんに聞いてみました。
「行くよ!」という答えが返ってくることを想定しての問いかけでした
が、返ってきたのは、「行かないよ。行ったこともないよ」でした。

　太陽の家に戻ってから、仲間の自治会を担当している職員の青谷さん
をつかまえて、「選挙に行くの?」と聞いてみると、何だかはっきりし
ない答え。
「青谷さんは自分で権利を放棄しているんだろうけど、まゆみさんは権
利から放棄されているんじゃない?　だったら、まゆみさんが家族に
『選挙に行きたい』と言えるような学習会をしなくてもいいんだろうか」
　と投げかけました。
「何党」に投票するということではなく、そもそも「選挙ってなんだろ
う?」という学習会を自治会の中ですることになりました。

青谷さんは私に講師をして欲しいと頼んできましたが、私は頑なに断り、青谷さん自身に講師をしてもらうことにしました。

　仲間に伝えるのには、自分が分からなくては伝えることができません。青谷さんは他の職員とも協力して、見事な資料を作り、元議員だった人にも依頼をして、きちんとした学習会をすることができました。

　後日、まゆみさんに
「選挙行った？」と聞くと、
「うん、行ったよ。お母さんに頼んで投票所まで連れていってもらった。松本さん、選挙に行くと結果が随分気になるんだね。自分が投票した人が当選したかどうか、気になってしょうがなかったよ」
と答えてくれました。
　青谷さんに、
「行ったの？」と聞くと、
「行きましたよ！」と誇らしげな答えが返ってきました。

無題／野本竜士

定期昇給と経験給、作品使用料（著作権） ❁かずえさん❁

> 太陽の家では開所以来、仲間の日中活動を「労働」とし、どの人にも働くことに参加してきてもらっています。
> 当然、労働の対価として毎月給料が出るのですが、開所当時は「一律給」でどの人も同じ給料が支払われていました。
> 開所して３０年以上が経ち、「基本給＋経験給＋作品使用料（著作権使用料）」と変化してきました。

　ある日、かずえさんが、
「松本さん、聞きたいことがあるんですが」と尋ねてきました。
「何？」
「松本さんは定期昇給ってあるんですか？」
「あるけど、どうして？」
「私は、太陽の家で１０年働いているんです。それなのに、なんで今年入った人と同じ給料なんですか？」と問い詰められました。
「………」答えられない私。
「そうだよね、みんなで考えたほうがいいよ」
　と提案し、仲間の自治会で議論をしていくことになりました。

　太陽の家には、行事や旅行などのことを考えていく「太陽青年隊」と、仕事や給料、ボーナスのことを考えていく「仕事委員会」と、二つの自治会があります。

今回の件は「仕事委員会」で話し合ってもらうことにしました。
「私は一生懸命頑張っているので、もっと給料が欲しい！」
「俺だって頑張っているぞ！」と、なかなかからちがあきません。
　担当している職員に、「様子はどう？」と聞いてみると、
「大変ですよ」「何が大変なの？」「議論をまとめるのが大変です」
　その返事に私は思わず、
「ばっかだなぁ！　あんたがまとめる必要なんてないよ。話し合いは右往左往させてあげて、時間がかかっても、そうやってまとまっていくことが大切なんだよ」と答えてしまいました。

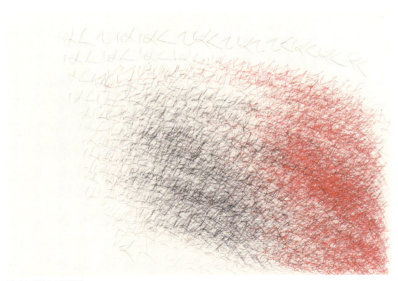

はぐれ刑事／齋藤裕一

それから数ヵ月の議論を経て、この仕事委員会では「経験給」という
ルールを創り上げました。１年勤める毎に、基本給に５０円ずつ加算して
いくというルールです。

　太陽の家には、ほかの施設をクビになってしまい、やっとここに辿り
着き、頑張り始める人も多いので、「前にいた施設での年数は、前歴と
する」というルールまで創りました。

「太陽の家らしいなぁ」と感心させられました。

　しばらくして、すっかり安心していた私のところに、またかずえさん
がやってきて、

「松本さん、聞きたいことがあるんですが」「何？」

「このあいだ、作品展をやったんです。私の作った作品がたくさん売れ
たんですよ。それなのになんで給料が変わらないんですか？」

　と聞かれました。

　そのときには、なんだか私が意気に感じてしまい、

「そうだよねぇ！　松本さんが仕事委員会に問題提起してみるよ！」

　と答え、仕事委員会に参加させてもらうことになりました。

「作品展のとき、かずえさんの作品がたくさん売れたのに、給料が変わ
らないのはおかしいよねぇ。作品展で売れた分は本人の給料にしたらど
うだろう？」と提起してみると、

「そうだ、、そうだ」という反応を期待していたのに、思いもよらない
答えが仲間たちから返ってきました。

104　　１章１６話　定期昇給と経験給、作品使用料（著作権）……かずえさん

「松本さん、それは違うと思います。作品展に出す作品は、みんなの仕事時間中に作っているのだから、半分はみんなの授産会計、半分は本人にあげたほうがいいんじゃないでしょうか！」と言われ、
「そう思います」と答えざるを得ない私でした。

　太陽の家では現在、絵画、織、ステンドグラス、漫画、書など多種多様な活動が仲間の労働として行われています。
　職員の中では、
「仲間を大切にするということは、その権利も大切にすること。できた作品に対する著作権を意識した給料体系にしよう」
　という論議もあり、仕事委員会の仲間たちとの議論も併せて、現在のルールになっています。
　誰かが決めたことではなく、みんなが決めたルールです。
　また新しい矛盾や問題に出合ったら、みんなで考えればいいのです。

新幹線／栗原和秀

105

期待される ❀ たかひこさん ❀

17

障害のある子どもを抱えている家族の不安の一つに、「将来私たちがいなくなったら、この子はどうなるんだろう」ということがあります。
この不安に押しつぶされて、不幸な事件があとを絶ちません。
家族から見て、「この人（事業所）だったら、我が子を託せる」という実感が持てることはとても大切です。
私たちは、その期待に応える責任を持っています

　たかひこさんは、社会的に大きな問題を抱えていたため、警察のお世話にもなり、精神病院に7年間入院することになってしまいました。
　たかひこさんが入院する日、お母さんと当時担当職員だった矢作さんと一緒に、たかひこさんの入院に付き添いました。

　二人のドクターの診察を受けたあと、ドクターが机の上のインカムに向かって、「入院です」と告げました。
　すると診察室のドアが開いて、屈強な男性の看護師が二人部屋に入ってきて、たかひこさんの両脇を抱えて、引きずるように病棟まで連れていきました。
　たかひこさんはあまりにも急な出来事で、反発することも抵抗することもできず、引きずられるまま、病棟まで連れていかれてしまいました。

私と、お母さんと担当職員の矢作さんは、たかひこさんの後ろを歩い
てついていったのですが、彼の入院となった病棟は隔離病棟で、壮絶な
光景が私たちを待っていました。

　たぶん強い薬を使っているのでしょう。定まらない視線で歩き回る人。
隔離病室はむき出しの便器で、その脇で眠ってしまっている人。
「ここで、たかひこさんが過ごすのか」と思うと暗澹たる気持ちになり
ました。

　しばらく待たされたあと、主治医との面接になりました。
　部屋に入ってきた主治医は、私たちに向かって開口一番、
「厄介払いのためにここに連れてきたの？　こんな大変な人、見たこと
ないんだけど」と言い放ってきました。
　その表情を見ても、たかひこさんが歓迎されていないことはよく分か
りました。
　こうしてたかひこさんの入院が始まりました。
　入院に付き添った帰りの車中で、私も矢作さんも言葉が出ません。
「矢作さん。この選択はベターかもしれないけれどベストではないよ。
必ず退院させようね！」
「そうですね！」
　これがやっとできた唯一の会話でした。

　たかひこさんは精神病ではありません。知的障害と自閉症がある人で
す。この理解をしてもらうために、月１回の支援会議をしてもらうこと
にしました。

お母さんもいつも一緒に来てもらい、色々な話をしたり、励ましたりの7年間でした。もう若くはないお母さんが、よく頑張ってくれたと思っています。

　入院中、本人の様子から判断して、何度か一時帰省を行ったのですが、そのたびに問題を起こしてしまい、当初は3ヵ月くらいの予定が、結局7年間の入院になってしまいました。
　7年の間に主治医は随分変わりましたが、支援会議は退院まで欠かさず行ってきました。

ホーンテッドマンション／高谷こずえ

私が一番心配していたのは、たかひこさんが入院生活に甘んじてしまい、入院生活が日常になってしまうことでした。

　そこで、時々病院から連れ出し、日中は太陽の家に連れてきて、みんなと活動をしてもらうようにしました。

　6年目くらいからでしょうか。病院と太陽の家の送り迎えの車中、あまり多くをしゃべらないたかひこさんが、

「松本さん、入院はつまらない。早く退院したい」

　と言ってくれるようになりました。そこで、病院と話し合いを重ね、7年目に退院できることになったのです。

　退院するときの面接で、主治医がお母さんに、

「お母さん、たかひこさんは間違いなく成長しましたよ！」

　と笑顔で言ってくれたことがとても嬉しかったです。

　一時帰省となると問題を起こしていたたかひこさんだったので、「退院」と分かるとタガが外れてしまう可能性もあります。

　そこで、病院と相談して一芝居打つことにしました。たかひこさんの上履きと洗面器を見せて、

「まだ入院中なんだから、この上履きと洗面器は病院に置いておくんだよ。今回は仮退院だから、問題が起きたらすぐに病院に戻ることになるよ」と彼に伝えました。

「分かった！」とたかひこさん。

今彼は、入院期間よりも長く日常生活を過ごしています。

「随分長い仮退院だなぁ？」と思ってくれているのでしょうか。

　退院後も、彼の自制心を維持するために、月に１回（現在は３ヵ月に１回）、入院していた病院への通院が続いています。そのときのことが思い出しやすいように私が付き添っていました。

　しばらく続けるうちに、十分彼が落ち着いたので、私以外の職員が付き添う通院に切り替えていきました。

「松本でなければ」の状態から「誰とでも」という状態になったほうが、彼の成長になるし、自由度が増すと思ったからです。

　そうして他の職員の付き添いに変わっても何の問題もなく過ぎていきましたが、ある日、たかひこさんのお母さんから私のところに電話が入りました。

「松本さん、最近たかひこの通院に一緒に行ってくれないでしょ。松本さんは、うちのたかひこのことはもうどうでもいいと思っているの？」

　という話でした。

　良かれと思ってやっていたことが、お母さんを不安にさせていたのです。高齢になったお母さんを説得するよりも、安心できる現実を示そうと思い、

「ごめんごめん、そんなこと思っていないよ」

　と謝ったうえで、私とたかひこさんの通院に戻しました。

お母さんが重篤な病気になったとき、
「お母さん、たかひこさんはもう大丈夫。私たちに任せて。だからお母さんは自分の病気にしっかり向き合ってね」
　と伝えると、とても喜んでくれました。
　出会った頃は、
「こんどこそうちの子が嫌いになったでしょ」
「いつクビにするの」
　と私に言っていたお母さんが、自分以外にたかひこさんを託せるものとして、太陽の家や私を選んでくれたようです。
　その期待に応える責任を全うしていきたいと思っています。

蝶／西川泰弘

みんなと こうしていること ❁こうじさん❁

立派な家に住みたい、お金持ちになりたい、素敵な車に乗りたい等々。幸せについて問いかけると、そんな答えが返ってくることがよくあります。
何かを手に入れる幸せ、何かになる幸せ、色々な幸せの形があるのでしょうが、何かを手に入れたり、何かになった瞬間、次の何かが欲しくなるのも人間のような気がします。
本当に安心できる幸せってなんでしょうか？

　こうじさんと出会ったのは、２５年以上前、私が３２歳、こうじさんが２０歳くらいだったと思います。色々な施設を転々として、どこにもうまくなじめず、友だちのお母さんの紹介でやってきました。
　行政からは、「養育放棄のご家庭です」という申し送りがありました。

　こうじさんは知的障害に加えて、一人で歩けるものの身体障害があり、調子を崩すとうつ状態になってしまい、布団から出られなくなります。
　そうなると数ヵ月にわたって欠席することになり、連絡も取れなくなってしまいます。それでも状態が落ち着くと、昨日までいたかのようにひょこっとやってきて、太陽の家の利用を再開するということの繰り返しでした。

それ以外にも、疲れたりストレスがたまったりすると右手が震えだし、それがやがて全身に広がってしまい、しゃべることも食事をすることもままならなくなってしまいます。
　震えがひどくなったときには、意識まで震えに飲み込まれていくようで、ぼーっとした表情で、震えるまま「う〜！」とうなり声が出てきます。

　「震え」には、しっかりと本人と向き合いコミュニケーションを取りつつ、ポイントになるところを刺激してあげます。
　そして、震えるままに動かすのではなく、目的のある手の動きをしてもらうことで、比較的治まることが分かっていました。
　しかし、うつ状態はどうしようもなく、本人も辛そうなので、お母さんに精神科の受診を勧めたのですが、
　「知的障害と身体障害に加えて、精神科ですか。もういいです」
　と断られてしまいました。

足立暁子

数年前、こうじさんがうつ状態になり、布団からも家からも出られなくなりました。
「彼がひょこっとやってくるのを待つしかないかな」
　と思っていた矢先、行政から、
「お母様から退所の申請が上がりましたので、退所になります」
　と連絡が入りました。あわててお母さんと連絡を取ったのですが、
「息子は、太陽の家よりも布団が好きなんで、いいんです」
　と取り付く島もなく断られてしまいました。行政には、
「何かあったら、すぐに連絡をしてください」
　と申し入れて、彼の利用が終わってしまいました。

　心配なので、時々電話は入れるのですが、コール音が鳴り続けるだけで、彼の声も家族の声も聞けないまま、数年が過ぎていきました。

無題／杉浦篤

ある日、急に行政から、

「こうじさんってご存知ですか？」と連絡が入りました。

「知っていますよ。どうしたのですか？」

「お母さんが末期がんになり、退院の目途も立たず、こうじさんの弟さんから、『兄の面倒は見られないので、なんとかして欲しい』という相談があったんです」とのことでした。早速、行政のワーカー２人と私の３人で家庭訪問をすることにしました。

　家庭訪問の日、壮絶な光景が私を待っていました。

　玄関を開けると奥の部屋が見え、全身に震えが広がってしまい、布団の上でのたうちまわっている彼の姿が見えました。

　手前の台所では、そんなことがないかのように、平然と食事をとっている弟さん。

　部屋に入ってみると、枕元に裁ちばさみが置いてあり、布団の周りには、彼が憂さ晴らしではさみで穴だらけにした段ボール箱が積み上がっていました。壁やカレンダーには、「外に出たい」「死にたい」と彼の殴り書きがしてありました。

「今、震えを止めてやるから」と彼を布団から起こし、背中から支えながら震えを止めると、彼は「フーッ」と大きなため息をつきました。

「また太陽の家に来なよ」

「俺なんかが行っていいのかな？」

「みんな待っているよ」

「分かった」

　そんな短い会話で、彼の再利用が決まりました。

115

引き取るために彼を迎えに行った日、彼のお母さんが見送りに来てくれました。彼が引っ越すというので、お母さんは弟さんに無理を言って、病院から連れてきてもらったそうです。

　別人のようにやせ細ったお母さんが、私の顔を見るなり泣きながら、「こうじはまた歩けるようになりますか？　歩けるようにしてください！」と頼んでくれました。

　彼は、数年間にわたって布団の上で震えていたので、歩けなくなっていたのです。

　彼の家を出るときも、自分の靴さえどこにあるか分からなくなり、私が下駄箱に頭を突っ込んで、「これかな？」と探し出したくらいでした。

　お母さんは、その一週間後に亡くなったそうです。

　養育放棄と言われ、「太陽の家よりも、布団が好きなんだからいいんです」と言っていたお母さんが、最後に親御さんらしい願いを私たちに託してくれました。

　再会したこうじさんは、ホームで暮らすことになり、そこから太陽の家に通うことになりました。

　普通の生活を取り戻し、安心できる人間関係や活動が、彼をみるみる立ち直らせていってくれました。

「松本さん。俺、また歩けるようになったんだ。休みの日にスタッフの人と散歩に行けたよ」と、彼が伝えてきてくれました。

116　1章18話　みんなとこうしていること……こうじさん

すっかり落ち着いてから1年くらい経ったときでしょうか。

　私は彼とよく一緒にお昼ご飯を食べます。

　その日も彼とテーブルを挟んで座り、なんていうこともない世間話をしながら食事をとっていました。私がふと、

「そう言えば、あなたの幸せってなんだと思う？」

　と聞いてみると、彼の手が止まり、しばらく考えたあと、

「みんなと、こうしていることかな」

　という答えが返ってきました。

カレーライス／前田貴

失ってはいけないものがない人

❀ たけとさん ❀

太陽の家では、障害が重いだけではなく、様々な社会的な困難を抱えた人たちが利用しています。彼らがその問題に向き合い、乗り越えていけるかどうかは、「失ってはいけないもの」がその人の中にあるかないかが、大きな影響を及ぼします。

　たけとさんと初めて会ったのは、彼が１６歳のとき。

「児童自立支援施設の措置が終わるんだけど、どこも受け入れ先が見つからない」と、児童相談所や福祉事務所の支援会議に呼ばれたことがきっかけです。

　一人っ子の彼の父親はアルコール依存症で、近所とのトラブルが絶えません。母親は重い統合失調症で、妄想に加えて自殺企図と放火。

　彼自身は小学校の高学年からいじめに合い、義務教育の間はほとんど学校に行っていません。児童自立支援施設に措置されたのは、窃盗、万引き、放火などの社会問題が日常化していたからです。

　受け入れについては随分悩みましたが、支援会議に参加した人の多くが、受け入れられない理由を述べ合う会議になったので、私が、

「おとなは子どもに責任を持とう。太陽の家で受け入れますから、皆さんは協力してください」と啖呵を切ってしまったため、受け入れざるを得なくなりました。

たけとさんに太陽の家に来てもらい、見学と体験をしたあと、彼に、
「どうする？」と聞くと、彼が言ってくれた答えは、
「ここを利用したい。ここは、頑張ると褒めてもらえる。ここは美味しいご飯が食べられる。ここは自分より大変な人がたくさんいるので助けてあげたい」でした。
　こうして彼の利用が始まったのですが、実際関わってみると、想像以上に困難が大きい人でした。

　自宅から通うのは無理だと判断し、ホームで受けることにしました。
「今日はさぼりたい」と思うと、彼は自分の喉に指を入れ、わざと嘔吐します。その嘔吐物だけをスタッフに見せ、
「具合が悪いので戻しちゃった」と嘘をつき、太陽の家を休みます。
　その方法は、支援施設の先輩から教わったそうです。
　ホームでは、具合の悪い彼を一人で置いておけないので、スタッフが付き添います。すると彼は、その付き添ってくれたスタッフの財布や携帯電話を盗んで、逃げ出してしまいます。
　逃げ出した彼は、財布のお金を好き放題使い、盗んだ携帯で出会い系サイトをやりまくります。
　そして、すっからかんになるとホームに戻ってくるのです。
　そうなると私が彼を呼んでのお説教になります。
「あんたのためにいてくれる人だよ。その人の財布や携帯を盗むって、その人を傷つけているよ」と注意をすると、彼から返ってきた答えは、
「松本さん、人間はそういうときに一番スキがあるんですよ！」
　という驚くべきものでした。

119

それを悪びれることもなく、普通の顔で私に言います。

　衝動性が湧き上がると、彼は後先を考えず思ったままに動いてしまい、色々問題を起こします。そして最後には、体裁上謝り、反省をするという繰り返しでした。他者の好意や期待は、彼にとって利用できる美味しい餌のように見えていたようです。

　思い余って、近隣の警察に連れていき、刑事さんからお説教をしてもらうことにしました。

「お前ね、こんなことを続けているとムショ行きになるよ。ムショに比べたら少年院なんて天国だよ。そのくらいムショはきついところだよ」

と刑事さんが言ってくれました。私も刑事さんも、

「そんな大変なところには行きたくないので、心を入れ替えて頑張ります」という彼の言葉を期待していたのですが、実際彼から返ってきた言葉は、「そうですね。ムショに行って更生したほうがいいですよね」でした。

　この言葉を聞いた刑事さんは、私のほうに向き直り、顔の前で手のひらを左右に振りながら、

「松本さん、だめだよ。こいつは失ってはいけないものが自分の中にないよ。こういう奴は、ムショとシャバを出入りする典型的なタイプだよ」と言ってきました。

　実際彼は、その後も問題が続き、結局刑務所行きになってしまいました。

　太陽の家の実践でも歯が立たなかった……という無力感を味わった経験でした。

120　1章19話　失ってはいけないものがない人……たけとさん

彼が刑務所に入って３年くらい経ったとき、いきなり保護監察所から私のところに電話が入りました。

「○○たけとさんという人を知っていますか」と保護監察官。

「よく知っています。なかなか大変な人でした。彼がどうかしましたか？」

「この夏に彼が出所するので面接に行きました。話の中で、『あなたが一番幸せだったのはいつか？』と聞くと、『太陽の家にいたとき』と彼が答えました。『松本さんにもまた会いたい』と言っています」

と知らされました。

　保護監察官と、太陽の家や私とのつながりは意識できていないはずなのに、彼から自然にその言葉が出たそうです。

　私は大きなショックを受けました。

　あの頃彼と関わる中で一生懸命蒔いた種は、芽を出さずに腐ってしまうんだ……と思っていたら、３年後に小さな芽が出てくれたような気持ちになったからです。

　刑務所まで彼に会いに行き、再度受け入れることにしました。

　基本的に彼自身が持っている弱さや、家庭環境の問題も変わっていませんし、以前と同じようなトラブルも時々起こしています。

　しかし、彼が今ここにいることは、ぎりぎりのところで彼が選んでくれたものであることに信頼を置いて、向き合っていきたいと思います。

　芽が出なければ、花は咲きませんから。

みんな愛して
くれているのかなぁ ❀やすゆきさん❀

> 孤独は、生きていくなかで辛いことのうちの一つです。
> 信頼できる人、思い合える人と出会い、孤独から解放されていく
> ことで、多くの仲間たちの豊かな人生が始まっています。

　他県で暮らしていたやすゆきさんは、埼玉県への転居に伴い、自分で
インターネットで調べて、利用希望の相談で太陽の家にやってきました。
　太陽の家を利用している仲間で、インターネットを使いこなせる人は
そうそういません。
　出会った彼は、障害は軽いけれど困難が大きな人でした。

　彼の困難の大きさが一番現れるのは、人間関係でつまずいたときです。
　分かってもらえない、納得がいかないというような実感にぶつかると、
途端に彼は対象の人に付きまとうようになります。
　ですから 彼は、これまでも教会や政党事務所、芸能事務所など一見
初対面の人には間口が広く思えるようなところにつながっては、しつこ
く付きまとってしまい、出入り禁止になることが度々ありました。

　太陽の家の利用が始まってからもその困難さは変わらず、気持ちが揺
れると、「お話ししたい」「分かって欲しい」などと言いながら、暴れて
しまったり、リストカットを繰り返します。

彼は、太陽の家を利用する前の施設からは、「あなたが来ると迷惑だから」と、２０年近く個室対応をされていたそうです。

　他の人と喧嘩をして仲直りする経験も、他の人と手つなぎしながら困難を乗り越えていく経験も、揺れた気持ちの収め方も学ぶことができずに青年期を超えてしまいました。

　人と関わることがとても大切な青年期に、その機会を奪われてしまった彼でした。

　太陽の家の利用を始めた頃は、他法人のグループホームを利用していて、彼はそこのスタッフ と大きなトラブルを起こしました。

　話を聞いてみると、朝起きて朝食をとっていると、ホームのスタッフから、「顔は洗ったのか？」と聞かれたそうです。

　彼は洗顔はしていたので、「洗った」と答えると、「嘘をつくな、目やにがついているじゃないか！」と怒られたというのです。

　彼にとっての「顔を洗う」とは、手に水を付けて２〜３回顔をこすることです。操作性もうまくなく、きれいにする意識の弱い彼には、それが「顔を洗うこと」だったのです。

　ですから、彼は嘘をついたのではなく事実を述べたのに、スタッフから「嘘つき」呼ばわりされてしまったのでパニックになり、そのスタッフと大きなトラブルになってしまったそうです。

　そして彼はこの話の終わりに、
「そうだったら、嘘つきと言わずに、顔の洗い方を教えて欲しかった」
と言ってきました。それを聞いた私が、

「そうだよねぇ」と返すと、彼の顔色が変わって、

「えっ！　それでいいの？」と聞き返してきました。

「教えてくれればよかったのにねぇ」と重ねて答えると、

「初めて否定されなかった！」と感心してくれました。

　彼とも約束をしたので、トラブルを起こしたスタッフに来てもらい、

「叱責するのではなく洗い方を教えてあげるべきだった」ということを

伝えたのも、彼にとっては信頼を置ける出来事だったようです。

　それでもある日、彼は他の人とのトラブルに気持ちを揺らし、リスト

カットをしました。それがちょうど障害の重い仲間が多臓器不全で亡く

なったばかりだったので、私は彼が許せなくなりました。

「お話ししたい」と付きまとう彼を強く拒否すると、彼は私の背後から

つかみ掛かってきました。

　私はつかみ返したあと そのまま床に押さえつけ、

「生きたくても命をなくしていく人がいるのに、お前のように命を粗末

にするやつは許せない！」と怒鳴りつけてしまいました。

「自分たちがなんでお前を支えていると思うんだ？」

「僕が障害者だからでしょ」

「馬鹿言うんじゃない！　お前が一生懸命生きようとしていることを支

えているんだ！　それなのに簡単に死のうとするのは許せない。もう出

て行ってくれ！」と言ってしまいました。

　すると彼は、そのまま玄関から出て行ってしまったのです。

「しまった！」という取り返しのつかない思いで、彼の帰りを待ち続け

ましたが帰ってきません。

夜も相当遅くなってから、彼から私のところに

「飛び出してすみませんでした。今、品川駅にいます。落ち着いたら、松本さんの顔を思い出しました。太陽の家に帰ってもいいですか？」

　と電話が入りました。

「帰ってきなよ」と彼に言葉を向けました。

　あれから何年経ったでしょうか？　今でも彼と話をするときには、相当の時間をかけることを覚悟して向き合います。私の都合がつけば、しっかりと話をすることを彼は理解してくれたので、

「今は無理、ちょっと待って」という言葉にも、パニックにならずに待っていてくれるようになりました。

　先日も彼と話をしました。

「松本さん、時々辛くはなるんだけど、最近僕、どうかな？」と彼。

「これからも、気持ちは揺れると思うよ。でも、揺れた気持ちの収まり方が前と全然違うじゃない。手も切らないし、飛び出さないよねぇ」

「本当だ！」

「人間は死ぬまでに２～３人、本気で心配してくれて、本気で話をしてくれる人と出会えたら幸せなんじゃないかなぁ？　そのうちの一人は松本と思ってよ」と伝えました。

「そうだねぇ！」と安心した彼の顔が私の前にありました。

俺みたいな暴れる子
❀ はるおさん ❀

> 「良い子だね」と言われて育てられた人は、良い人になります。
> 他者から大切にされた人は、他者を思いやれるようになります。
> その経験が乏しい人は、どんなに障害が軽くても、他者に優しくしたり、思いやることが困難になります。
> 私が私である意味、アイデンティティは長い時間をかけて、他者や社会と関わることで積み上がっていきます。

「うちの子は発達障害のようで」
 とお母さんから相談を受け、地域の特別支援学校のコーディネーターの先生につなげるために、ある日の夕方、親子で来てもらいました。

　本人の前で話をするのもためらわれたので、お母さんと先生が相談をしている間、私の部屋でしばらく二人で過ごしました。
　折り紙をしたり、他愛のない話をしたり。
　それが小学校４年生になったはるお君との出会いでした。

　彼はなんだか私のことを気に入ってくれて、月に１回遊びに来るようになりました。
　しかし、その頃はるお君は、登校拒否や学校で暴れるといったことが始まっていて、学校の中でも問題視されるようになっていたのでした。

「支援会議」ということで、お母さん、コーディネーターの先生、私が学校に呼ばれ、校長先生、教頭先生、担任の先生、学年の先生と話し合いが持たれました。

　校長先生は開口一番私に、

「学校で暴れて困っている。薬で治りませんか？」

　と聞いてきました。続いて、

「対応をした教員を怪我させるし、傷害事件ですよ」と言いました。

「薬では治りません」と私。教頭先生は、

「反省文を書かせれば良くなりますか？」と聞いてきます。

「はるお君にどうなって欲しいのですか？」

　と私が尋ねると、学校からの答えは、

「短時間で、みんなと同じように教室にいられるようになることです」という返事。

　私は切なくなってしまい、

「先生たちは、はるお君の良いところはどこだと捉えていますか？」

　と聞くと、学年の先生から、

「自分は彼が暴れたとき抑える役割なので、分かりません」

　という言葉が返ってきました。

　私はお母さんの顔が見られませんでした。

　それが第1回目の支援会議でした。

「これじゃぁ、登校拒否にもなるよなぁ！」

　それがそのときの私の率直な実感です。

そんな苦しい環境の中にいないかのように、はるお君は、
「こんにちは!」と月に1回笑顔でやってきてくれました。
　太陽の家の職員たちも、
「礼儀正しくて、いい子だねぇ!」と褒めてくれます。
　やってきたはるお君は、自分が好きなゲームを私と一緒にやったり、自分の考えたゲームをやって帰っていきます。お母さんには、
「今、松本から彼に何か教え諭すようなことはしません。今は一生懸命彼と仲良くなります。これから彼が青年期を迎えて、もっと苦しいことに出会ったとき、相談したくなる人になれるよう頑張ります」
と話しておいたので、私にとっても楽しい時間になっていきました。

　彼は、学校に行けないこと、自分が受けている評価のことはほとんど私に言いませんでした。時々、
「松本さん、俺、学校に行きたくなくなっちゃうんだ」
　とぽそっと言ってくるくらいです。私は、
「そうなんだ。そういうときどうしているの?」
　と聞くくらいにしていました。

無題／栗原和秀

そんな彼が、小学校が終わり、中学校に行かなくてはならない時期になりました。お母さんから、
「はるおはどうしても中学校に行きたくない、太陽の家でお手伝いをしたいと言っているのですが」と話が上がってきました。

　ある日、太陽の家にやってきたはるお君から、
「松本さん。俺ね、中学に行きたくないんだよ。太陽の家でお手伝いしていいかなぁ」と相談を受けました。
「なんで中学に行きたくないの？」と聞くと、
「俺みたいな暴れる子は、行くとこなんてないんだよ」
　という彼の答えでした。

　この一言はショックでした。
　１２歳になる子が、自分のことを「暴れる子」と認識している。
　誰がそう思わせてしまったのでしょう。私は、
「そうなの？　君は太陽の家に来て暴れたことってあった？　ないんじゃない？　それよりも、車椅子を押してくれたり、松本さんの荷物を運んでくれたり、行事のときには『これだったら車椅子の人でも食べられるかな』とお菓子を買ってきてくれたり、いい子じゃない」
　と伝えると、彼はびっくりして、
「そうだね！」と言いました。
「なんで太陽の家にいるときには暴れないの？」
　と聞くと、しばらく考えてから、
「ここは、みんな優しいから」との答えが返ってきました。

「太陽の家の手伝いはダメかなぁ」と彼が聞いてきたので、

「はるお君、義務教育って知ってる？」

「知らない」

「小学校から中学校までは義務教育と言って、どの子も学校に通わくちゃいけないんだよ。それは、君たちに関わっているおとなの責任なんだよ。

　そのことを知っている松本さんが、君に義務教育である中学校に行かなくて太陽の家においでって言ったら、松本さんが捕まっちゃうんだよ」と分かりやすく伝えると、

「そうなんだ、それじゃあしょうがないか」

　と私のことを思って諦めてくれました。

　卒業が近くなった支援会議。

　はるお君の登校拒否はまだ続いています。担任の先生から、

「どうしたらいいですか？」と質問をされました。私は、

「病気ではないので、カンフル剤の注射のように何かをして、いきなり明日から来るということはないと思います。

　でも、先生やクラスの友だちは、彼に、『元気？　顔を見たいからおいでよ！』と伝え続けてあげてください。

　そうすれば、これから彼がおとなになったとき、あの苦しいとき自分は邪魔な人ではなかったと思えるはずです。それは大切なことだと思います」と答えました。

　担任の先生はぱっと顔を輝かせて、

「そうですね！」と言ってくれました。

その直後、校長先生から、
「でも、学校には来られないじゃないですか！」
と言われてしまいました。

　みんなに励まされながら、小学校の卒業式には参加できたはるお君は、
４月から中学生になりました。
　月に１回顔を見せに来てくれるはるお君に、
「学校はどう？」と聞くと、
「行ってるよ。給食だけ食べて帰ってくる」と伝えてくれます。
　お母さんは、「１５分登校」と呼んでいます。
　はるお君は私のために、一生懸命に学校に行ってくれています。

トナカイヒコーキ／横山涼

松本生きていたか ❀なおきさん❀
22

障害のある子どもを抱えている家族の不安の一つに、「将来私たちがいなくなったら、この子はどうなるんだろう」ということがあります。
この不安に押しつぶされて、不幸な事件があとを絶ちません。
家族から見て、「この人（事業所）だったら、我が子を託せる」という実感が持てることはとても大切です。
私たちは、その期待に応える責任を持っています

３０年くらい前のこと。

　見知らぬ空間に入っていけないなおきさんは、その建物の外側を自転車でぐるぐる走り回っていて、その後ろを心配した職員が自転車でついて回る、それが彼の入所式の光景でした。

　他の人との調整や、関わりがうまく持てず、ひとたび怒ると、言葉にならない怒声を上げて突き飛ばす、殴りかかる、光物を振り回して暴れる、椅子やテーブルまで投げつけてくるという壮絶さです。

　それが彼なりの表現になっていました。

「こんな方法でしか自分の感情を表せないなんて、なんて不幸な人なんだろう」

　それが出会った頃の彼に対する私の感想でした。

　私自身も随分彼と取っ組み合いをしました。言葉だけでは彼の怒りは

収まらず、体を張って止めてあげないと、彼自身も周りの人も大きく傷つくからです。最終的には気迫負けした彼が「怖い！」と言いながら施設の中を逃げ回り、自宅に帰ってから「勝てなかった！」と、悔しくて下痢をしたそうです。

　取っ組み合いのあと、彼と話をすると、色々な事情を話してくれるようになりました。
「へ〜！　そうだったんだ！」と感心させられることが多く、色々関わっていくうちに、わがままに見える言動も彼なりの理由があることも分かってきました。
　彼は太陽の家に来て、二つ大きな経験をすることになりました。一つは、どうやっても勝てない人がいる。もう一つは分かってくれる人がいる。それが私だったようです。

　なおきさんは、他の人とずっと一緒にいることが得意ではありません。外出や旅行に行ったとき、付き添い者が彼のそばにずっといると不機嫌になっていきます。
　いつの頃からか、彼は旅行のときの付き添い者として私を指名するようになりました。
　ディズニーランドに行ったときのことです。
　人が多い中で彼がパニックになるのも心配でしたが、思い切ってこんな提案を投げかけてみました。私の腕時計を見せて、
「〇〇時に集合ね。それまで松本さんはこのベンチに座って待っているから、心配になったら聞きに来ればいいよ。その間は自由に動いてね」

と言うと、なおきさんは、

「分かった」と、嬉しそうに離れていきました。

　ベンチに座って彼の様子を目で追っていると、こちらを振り返っては
確かめるように見るので、にこっと笑いかけると安心したように動きだ
すなおきさんです。

　時々、私のところに「心配していたか？」と聞きに来ます。

「大丈夫だよ」と答えると、安心したような笑顔を見せて、また人ごみ
の中へ……。

　その日はその繰り返しで、なんのトラブルもなく一日が終わりました。

　約束の時間まで、ずっとベンチに一人で座っている私に、

「大丈夫ですか？」と何人のスタッフが声をかけてきたことでしょう。

　きっと、怪しいおじさんに見えたのでしょう。

　そのような日々が過ぎていったある日、突然私は、突発性心室頻拍と
いう重い心臓病になってしまいました。都内の病院で手術を受けました
が、病変部の場所が悪過ぎて処置できず、主治医から、

「お役に立てずに申し訳ありません」と謝られて終わりました。

「もう何をしてもかまいません。ただし発作が出たときだけ、すぐ病院
に駆け込んでください」と言われ、絶望感だけが残りました。

　その日から、いつも死ぬことを意識して過ごす毎日となりました。

　妻からは、

「今だから言えるけど、あの頃のお父さんを見ていてうつ病になるか、
自殺するんじゃないかと心配だった」と言われるほどでした。

134　　1章22話　松本生きてたか……なおきさん

病休が終わり、出勤する日の朝のこと。
「こんな体になっちゃって、もうどうしようもない」
　と腰が上がらない私を、
「誰かは待っていてくれるんだから、行ってきな」
　と妻が送り出してくれました。
　気持ちが晴れないまま太陽の家に着くと、玄関になおきさんが立って待っていました。私の姿を見ると満面の笑顔で駆け寄ってきて、
「松本生きていたか——。良かった！」
　と私の頭を撫で、走り去っていきました。
　光物を振り回して暴れ回っていた彼。その後ろ姿を見ながら、
「ああ、３０年分のご褒美がこれだ」と感慨深い思いに包まれました。

　私が彼のことを思うように、彼が私のことを思ってくれるようになってきている、これがきっと辿り着くところなんだと思えたのです。
　さっきまで、いつ死ぬか分からない自分に絶望していた私に、彼らの思いが「それでいいんだよ」と気づかせてくれました。
「人間は平等に１回ずつ死ぬんだから、生きている間は、この期待に応える努力をすればいいんだ」
　と思える私になっていました

ステンドタワー／伊藤裕

135

しんゆう ❀けんじさん❀
23

　「大切な人」それは自分がとても嬉しいとき、悲しいとき、親とは別に隣にいて欲しい人です。
　「大切な人」は自分が相手のことを思うのと同じように、自分のことを思ってくれる存在です。その存在に出会えると、人は幸せになり、豊かな人生を送っていけます。

　けんじさんと私は太陽の家の同期です。

　創生期の頃一緒に太陽の家に入り、缶プレス作業や廃油石鹸作りなどをやってきました。石鹸作りは失敗したのですが、今ではそのことも笑い話として、彼とよく思い出を語り合います。

「市の水泳大会に出たい」と彼が相談に来てくれました。

　当時、けんじさんは顔も洗えないような水恐怖症でした。

「どうして？」と尋ねると、

「オリンピックを見ていたら出たくなっちゃった」とけんじさん。

「分かった。松本さんは学生の頃スイミングスクールでコーチをしていたから、泳げるようにしてあげるね」と彼と約束をして、他の仲間と一緒にプール通いが始まりました。

　通い始めの頃は、プールに足を入れるだけで大騒ぎになり、周りからじろじろ見られてしまいました。なんとかプールに入っても、プールの壁にへばりついて泳ぐどころではありません。

泳ぐ前に、水を楽しむことからと思い、彼を背中におぶってプールの中を歩いたり、仰向けにした彼を支えて水の中で揺らしてあげることなどをしばらく続けました。

　そんなことを何年か続けていくと、彼はプールの中を一人で歩けるようになり、私が支えれば顔をつけられるようになってきました。
　さらに通い続けるうちに、私が数メートル前に立って声をかけると、壁を蹴って面付け蹴伸びができるようにまでなったのです。彼は、
「もう少しで市の水泳大会に出られる！」と大喜びしてくれました。

　その矢先、私が心臓病で倒れてしまいました。
「死ぬかもしれない」という絶望的な気持ちで数日を過ごし、太陽の家に出勤しました。
　出勤した私を待っていてくれたけんじさんが、私の顔を見るなり、
「松本さん、ちょっと話したいことがあるんだけど」
「どうしたの？」
「松本さんにどうしても謝りたい。僕がプール、プールってお願いしたので、そんな目に合わせちゃったんでしょ」と言ってきたのです。
　私はびっくりしました。
　どちらかというと幼い印象を持っていた彼が、３０年経った今、私のことを心配してくれる人になっていたからです。
「心配してくれてありがとう。でも君とプールに行っていたからこうなったんじゃないよ。手術も苦しくて辛かったけど、また君とプールに行けるように受けたんだよ」

137

と伝えると、さっきまで青菜に塩のようにしょんぼりしていたけんじさんの顔がぱっと輝き、部屋を出ていきました。

　後日、彼のお母さんにそのことを伝えると、

「けんじは、この数日食事ものどを通らないくらいしょんぼりしていたのに、とても明るくなって帰ってきました」と伝えてくれました。

　それから数年経ち、彼が私のところに相談に来ました。

「どうしたの？」と尋ねると、

「好きな人ができちゃった。どうしたらいいんだろう？」

「よかったねぇ！　君は、その人の前でいいところを見せようと、あんなに怖かった歯医者も一人で行って、治療を受けてきたんでしょ。

　好きになるって結婚したり、セックスするだけじゃないよ。好きな人のために頑張ることもとても大切なことだよ。しばらく、そんな感じで頑張って欲しいんだけど」

「分かった！」と顔を輝かせて部屋を出ていくけんじさんでした。

　いつの頃からか、彼は私を「しんゆう」と周りの人に言ってくれるようになりました。

「何かあったら、松本さんに相談するんだ」とも言ってくれました。

　実際、何かあるたびによく来てくれて、その都度彼と色々な話をするようになっていきました。

　私も彼から相談を受けたときは、ごまかしたりあやしたりするのではなく、精一杯考えて向き合いました。

　ところが、しばらくすると彼が私のところにやってくる回数がめっき

り減ってしまいました。
「けんじさん、最近あまりやってこないんだけど、どうしたのかな？」
と職員に聞いてみると、
「彼は『松本さんはしんゆうだから、あまり心配をかけちゃいけないんだ。だから自分で頑張るんだ！』と言っていますよ」
　と教えてくれました。
　さらに一回り大きくなったけんじさんを実感できた瞬間でした。

　そして、つい最近私が永年勤続表彰を受ける日、彼がサプライズで手紙を書いてきてくれました。その手紙の中で私を「同期」「親友」と呼んでくれました。
　けんじさんとは、よく話をします。
「松本さん、あのとき泣いてたよなぁ」
「うん、嬉しくて泣いちゃったよ」
　と言う私の目の前には、まんざらではない顔をしたけんじさんがいました。

なのはな／大串憲嗣

139

せっけんのせ／柴田鋭一

❀ 良い先輩の見分け方 ❀

実践力をつけていくには、良い先輩に出会うことが大切です。良い先輩を見つけるには、何か疑問があるときに、「どうしてですか？」と聞いてみてください。「それは、○×△□」と色々な理解や事情を言ってくれる先輩は良い先輩です。

2章
咲く花の意味を知る
＝考・育・行＝

たんぽぽ／佐々木省伍

> ❀ **私たちの仕事は落語の修業に似ている** ❀
>
> 落語では、まず好きなお師匠さんを見つけて弟子入りします。落語は口述指南なので、師弟は似てきます。最初は真似から始めて、そのうち意味が分かるようになると、あとは自分らしさを発揮するだけです。なんとも私たちの仕事に似ています。だから「最初にいいお師匠さん（先輩）を見つけなさい！」と言っています。

信頼 ❦ 青谷さん ❦

> 新人のときから即戦力になる職員は、まずいません。
> 困難に出合い、仲間や家族とのやり取りの中で磨かれ、力をつけ
> ていきます。

　法人の事業が増え、新しい事業も始まり、青谷さんが異動することに
なりました。

　職員や家族からも「困ります」という声が上がってきました。

　私は、「いなくなって困るような人だから異動してもらうんだ。新し
い事業には彼が必要なんだよ」と答えました。

　私は川口太陽の家の施設長を約２５年間勤めましたが、青谷さんは、
私から怒られた職員のトップ3に入ります。

　時には、青谷さんが泣いてしまうこともあったくらい、極端に言うと、
一から十まで私に教えられていたという状況でした。

「長野旅行に行ったんですよ。松本方面という道路案内を見たら、具合
が悪くなりました」と、笑いながら伝えてくれました。

彼が異動するときに、
「青谷さん、随分僕に怒られたよね。でも、よく考えて。最近僕は、青谷さんを怒るのではなく、その仲間をどうしてあげたいの？　と聞くでしょ。これは、青谷さんが仲間にとって正しいことを考えて、実行できる人になったという信頼だよ。
　青谷さんが異動する施設は、短期入所の専門施設でしょ。これからは、松本が青谷さんにいろいろ頼むんだよ。頑張って！」と伝えました。

　青谷さんが異動した短期入所施設は、市内の、緊急性が高く困難なケースの受け入れを常に行っています。
　この事業所は貴重な社会資源であり、青谷さんはそこを支えてくれています。

無題／小森谷章

仲良くなったから ❀小寺さん❀

> 虐待防止や人権擁護——これは障害者実践をしていく上でとても
> 大切なポイントです。
> しかし、ややもすると「やってはいけないこと」を強く意識する
> だけで、「やらなくてはいけないこと」を見失ってしまうことが
> よくあります。
> いかにせよ「なぜ？」という視点が大切だと思います。

　小寺さんが、新任職員として川口太陽の家に配属されました。

　２０代前半の男性で、明るく元気で「いい職員だなぁ」という印象でした。

　ある日、実践現場を何気なく見ていると、小寺さんが、

「たかちゃん！　たかちゃん！」と仲間を呼ぶ声が聞こえてきました。

　そちらに目を向けると、呼ばれている仲間は、４０代の重い知的障害がある男性で、笑顔で小寺さんに呼ばれていました。

　一見よくある風景ですし、何気ない日常の一コマなのですが、私は何か違和感がぬぐえなくなりました。

　そこで、小寺さんを呼んで、

「小寺さん、なんで『たかちゃん』って呼んでいるの？」

　と聞いてみると、何も悪意がない小寺さんは笑顔で、

「仲良くなれたんですよ」と答えてくれました。

「それじゃぁ、自分とも仲良くなれたかなぁ？」

　と聞き返すと、さらに笑顔で、

「おかげさまで、所長とも仲良くなれました」と小寺さん。

　そこで私が、

「それじゃ、今日から僕のことを『とおるちゃん』と呼んでくれる？」

　と聞くと、さっと顔色が変わって、

「いや、とてもじゃないけれど呼べません」と小寺さん。

「でも、仲良くなったって言ってくれたじゃない？　何で呼べないの？」

「所長は自分よりも年上だし、職場の先輩で尊敬しているので、そんな呼び方はできません」と答えてくれました。

　きちんと小寺さんの中に答えがありました。私は、

「あなたが、『たかちゃん』と呼んでいる仲間は僕と同期だよ。あなたが僕に対して持ってくれている尊敬や尊重は、同期であるたかおさんにも向けるべきなのではないかと思うんだけど」

　と小寺さんに伝えました。

　それから彼は、二度と「たかちゃん」とは呼ばなくなりました。

　あれから２０年近く経ち、中心的な職員の一人になっている小寺さんは、新人の後輩にそのときの話をしてくれるそうです。

「あのときは、怖かったー！」と笑顔で伝えてくれています。

丁寧と分かりやすさ ☙ 松崎さん ☙

「仲間たちに配る資料ができたので」と職員の松崎さんが、原稿を持ってきました。

それを見た私の頭の中は「……？？？」となってしまいました。

その原稿は、職員会議に配るような文章で、漢字にルビが振ってあるものでした。

今は「合理的配慮」が必要とされ、私たちは常にそのことを念頭に置きながら、障害のある仲間たちに向き合わなくてはなりません。

知的障害は一般的に抽象概念が弱いという特性があります。

そんな彼らに、長い文章の中に、いくつもの伝えたい要件を入れても、「何を言っているのか分からない」と言われてしまいます。

仲間に何か伝えるときには、知的障害の障害特性を理解し配慮する必要があります。

伝えたいことを整理し、項目別に分け、色を付けたり枠で囲うことで、見えやすくしてあげることが大切です。

松崎さんが私に持ってきた資料は、長い文章の中にいくつもの伝えたいことがつらつらと書いてあり、そこにルビが振られていて、とても読みづらいし、分かりづらい ものになっていました。

ルビは、すべてに振るのではなく、小学校の低学年から中学年くらい

で習う漢字であればルビは振らず、普段使わないような言葉や漢字には
ルビを振るようにします。

　松崎さんが配った文章は仲間から「どの文字を読んでいいか分からな
い」と不評でした。

　また、仕事のことでは仲間たちに、
「今月の売り上げは〇〇円でした」
　と言葉にしたり、数字を書いて伝えてしまうのですが、これも分かり
づらい。

　数字には「列」の概念と「量」の概念があります。

　学校教育を受けてきた仲間たちは、知的障害のかなり重い人でも、
「1、2、3、4、……」と順番に唱えていくことができます。

　ところが、いくつあるか数えることができません。

　量の概念が弱いからです。
「数字を伝えるときは、それを高さや長さに置き換えて伝えてあげて」
　と職員に伝えます。

　数字ではなく、グラフや表を意識的にツールとして使うことです。

　私たちは仲間たちに対して発信することが目的なのではなく、分かっ
てもらうことが目的になります。松崎さんに、
「松崎さんの文章は伝えたいことがたくさんあって、丁寧に作っている
んだけれど、分かりづらいよ」と伝えました。

励まされる ❦ 赤羽さん ❦

「離婚しました」と職員が報告に来ました。

「とても辛いので、ここで働くことは難しいと思っています」

　と言葉を重ねました。

　今まで見たことがないくらいしょんぼりしています。私は、

「働いていいかどうかを自分に聞くのではなく、仲間に聞いて欲しい」

　と伝えました。

　その職員はその後、自分が担当している仲間たちに、自分がここで働いていいかどうかを聞いたそうです。

「元気になるまで待つ、と言われました」

　と嬉しそうに報告してくれました。

　あれから１０年以上経つでしょうか。

　元気になったその職員は、仲間や職員たちを励ましてくれています。

〜〜〜〜〜〜〜〜〜

　別な職員の話です。仲間ともみ合いになった職員の赤羽さんは、転倒して肩を脱臼してしまいました。夏休み前のことです。

　休みが明けて出勤してきた赤羽さんは、手を吊るして痛々しい姿でした。周りの配慮もあり、直接現場に入るのではなく、快復の目途が立つまで、職員室で事務仕事になっていました。

彼を私の部屋に呼んで、

「仲間のところにいたいんじゃないの？」と聞くと、

「そうなんですが、こんな姿を見せると悪いかなとも思って」

　と口ごもってしまいました。

「でも、戦力外通告を受けてしまったような気持ちにもなるし……」

　と元気がありません。私は、

「こんな姿になってとか、こんな体になってという思いは、うっかりす

ると差別観のスタートになるよ。仲間たちは赤羽さんのことを心配して

いるんだから、その姿を見せて、"それでもみんなといたいよ"と伝え

ればいいよ」と話しました。

　赤羽さんは以前、重症心身障害の仲間を受け入れるとき、

「松本さん、この人、太陽の家で受け入れなければ、また１０年間天井

を見て暮らすんですよねぇ。受け入れてあげましょうよ」

　と私に言ってくれた職員です。

　私はそのときの印象が鮮明に残っていたので、

「赤羽さんは、２０年近く仲間のそばにいて頑張ってきてくれたじゃな

い。こんなときは仲間に励まされなよ。赤羽さんは励まされたら、うん

と喜べばいいよ。その姿が、赤羽さんを励ました仲間たちを励ますんだ

よ」と伝えました。

　私の部屋に入ってきたときとは別人のように、晴れやかな表情になっ

た赤羽さんが私の前にいました。

私の正義を私たちの正義に

「あの人のやり方が許せません！」

　と職員が報告と相談に来ることがあります。

　許せないくらいなので、その人のことをとてもよく見ていて、細かな
ところまで報告してくれます。

　ひとしきり聞かせてもらったあと、
「その許せないことをこうして報告してもらっているけど、今までで改
善したことはあった？」と問い返すと、
「そう言えば、ありませんねぇ」との答え。
「それでは、その許せない現実を前に、あなたはどうしたらいいと思い
ますか？」
「……」
「その人に伝えてあげるか、あなたの正義にうなずいてくれる人を一人
でも増やしていくかだと思うんだけれど。

　きっとあなたが気づいていることは正しいと思うよ。でも"私の正
義"を、"私たちの正義"にしていく努力をしないと、"私だけが正義"
になってしまうよ。

　そうなると、私の正義が分からないみんながだめなのだという、あな
た自身が分断の中心になってしまうよ」

　と重ねて伝えました。

他者の実践に違和感を覚えることはよくあります。

　そのとき、その違和感を放っておくのではなく、違和感に気づいた人に「何だかしっくりしない」と投げかけながら、「違和感」の根拠を共有していく関係があることが大切です。

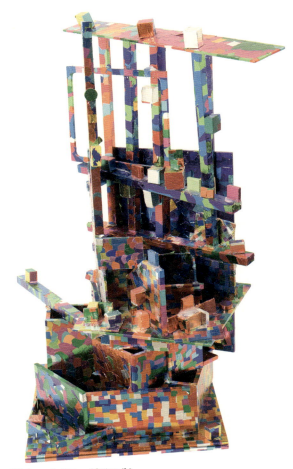

できちゃったタワー／高谷こずえ

この人さえいなければ

VI

　実践現場でも職員集団の中でも、「この人さえいなければ」と思う瞬間が、正直に言って、あると思います。

「この仲間さえいなければ、他の仲間も不穏にならずに落ち着いて過ごせるのに」とか、「この職員さえいなければ、会議が穏やかに終わるのに」等々。

　他市にあるホームに、相談があると呼ばれたことがありました。

　その内容は、「ホームの利用者に一人、トラブルメーカーになっている人がいて、ホームのスタッフから『その人を辞めさせて欲しい』という訴えが出てしまっている」ということでした。

　その人について一緒に考えたり、アドバイスをしたりしましたが、結局スタッフが、「自分たちを取るか、その人を取るかだ」とそこの法人に詰め寄ってしまい、法人はそのトラブルメーカーになっている人を排除してしまいました。

　本当は、みんなで苦労しながらその人に向き合い、そこで得られた成果を実感することで、その人の力になって欲しいと思っていたのですが、その前に排除をしてしまったようです。

152　　2章VI話　この人さえいなければ

私のところに相談に来てくれていたそのホームの職員が、「松本さんの言うとおりでしたよ。『この人さえいなければ』と排除したスタッフたちは、その人がいなくなったら次の『この人』を探し始めているんですよ」と伝えてきました。

　集団ができれば、必ずその中に一番苦手な「この人」が出現します。「この人」に出会ったらどうしたらいいのでしょうか？
　一つの方法は「この人」の排除です。
　これは即効性もあり、一時的にみんなを楽にしてくれます。
　しかし、しばらくすると次の「この人」と出会うことになります。そこで次の「この人」を排除する……、という連鎖の中で、その集団は発達するどころか、誰もいなくなり崩壊してしまいます。

　結局、みんなが思う一番苦手な「この人」と向き合うしかないのです。「この人」としっかり向き合うことで集団が発達し、別の「この人」が出現しても、しっかりと向き合っていけるようになります。
　このように発達した集団は、構成している一人ひとりにとって、「何かあったら排除される」のではなく「何があっても支えてくれる」という安心感になっていきます。

　何かあったとき支えてもらった人は、集団の中の多様性を認識して、次の何かあった人を排除するのではなく支えていきます。

親とは別に思ってくれる
人たちの大切さ ❀啓❀

私たちは、出会う仲間たちの親にはなれません。
しかし、親とは別の大切な存在になることがとても大事です。
その存在は、仲間や家族を励まします。

　平成4年11月30日、夜中に我が家の三番目の子として啓が生まれ
ました。予定よりも3ヵ月くらい早く産まれた未熟児でした。
　妻が敗血症になってしまい、それが原因で陣痛が起こり産まれてし
まったのです。

「1時間でも長く母体の中にいて欲しいのですが、もうもたないので取
り上げます」と医師から告げられました。
　病院の外に小児医療センターの救急車を待たせての出産でした。
　分娩室の前で待機していた私の前を、手動の人工呼吸器をつけられた
息子がストレッチャーに乗せられて走り去っていきました。
　小児医療センターに搬送され、処置が終わり、私が担当医に呼ばれま
した。

　人工保育器の中の息子は、1600グラムで小さく、筋肉もほとんど
なく、点滴や、人工呼吸器、モニター等に繋がれた、管だらけの姿でし
た。俗にいうスパゲッティ症候群です。

とても生きている人間に見えないその姿にショックを受けている私に、担当医が説明を始めました。

「敗血症に垂直感染しています。その数値が上がると血液の全交換になりますので、覚悟しておいてください。
　肺や胃腸などの内臓がまだきちんとできていません。
　ビタミンKが足りないので出血が起きています。頭蓋内出血も起こしています。火傷で言えば中程度の出血です。
　松本さんはお仕事柄理解していただけると思うのですが、このお子さんは将来歩けなくても、しゃべれなくても良いことにしてください」

　これが医師の説明内容です。重ねて、
「いつ急変し、死亡してしまうか分からないので、お父さんは毎日必ず来てください」と言われました。
　説明が終わり、夜中の広い待合室の一角にだけ明かりが灯されていて、その下の椅子にしばらく座り込んでしまいました。

　それから毎日病院に行き、医師からの説明を受けるのですが、良い話は一つもありません。
「この数値が上がると危険です」「今夜が山です」等々。
　病院に行くことや医師から話を聞くことが、だんだん辛くなっていきました。
「もう死んでくれたほうが楽かなぁ……」
　私の頭の中をそんな思いがよぎるようになっていました。

「どうせ死んじゃうんなら、せっかく名前を付けても……」

そんなことまで考えるようになってしまい、名前が付けられずにいました。

　もう一つの苦しさも私を襲いました。

　主治医から「お宅のお子さんは、障害者になりますよ」と言われたのに等しいような説明を聞きながら、「嫌だな」と思っている自分に気づいてしまったからです。

「自分は毎日どこで働いているんだろう。実は、太陽の家の仲間たちを馬鹿にしたり、嫌悪していたのではないだろうか？」

　そんな自問が繰り返され、本当に苦しくなりました。

　それでも出勤する私を、

「松本さん！」と迎えてくれる仲間たち。

「どう考えても、自分はこの人たちを馬鹿にしたり嫌悪していない。そうだ、障害のある子の親になることへの不安やたじろぎだったんだ」

　と気づくまで、随分時間がかかりました。

サターンメルヘンシティ／横山涼

ある日、担当の看護師に息子が入っている保育器のそばまで呼ばれました。看護師は保育器のネームプレートを指さしながら、
「松本さん、よく見てください。ネームプレートが"松本baby"のままになっているのは、お宅だけですよ。
　松本さん、この子が人間だということと、あなた自身のお子さんだということを認識してください。名前を付けてあげてください」
　と私を叱ってくれました。
　その日の夜、妻は敗血症で入院中のため、独りで息子の名前を考えることにしました。
「幸せになる字画の本」を数冊買い込んできて、それとにらめっこしながらの作業になりました。
　そんな作業を小一時間続けていたときでしょうか。
「あれっ！　さっきまで死んでくれてもいいやと思っていたのに、今は息子の未来と幸せを考えている」と気づきました。
　私は、叱ってくれた看護師のおかげで親にしてもらったのです。
「啓」と名付けました。

　数日して主治医に呼び出されました。
「内臓もできました。肺は人工呼吸器をはずしてみて、自力呼吸ができるかどうか見ます。自力呼吸ができなければ諦めてください。
　胃腸は鼻の管から母乳を数cc入れて消化できるかどうか見ます。消化できなければ諦めてください」と言われました。

157

その翌日、病院に行くと、「名前を付けてください」と私を叱責して
くれた看護師が駆け寄ってきて、
「お父さん、啓ちゃん消化できたよ！　褒めてあげてよ！」
　と満面の笑顔で伝えてくれました。
　啓が入院してから一番嬉しい瞬間でした。
「親以外に自分の子どものことを考えてくれている人がいるって、こん
なに嬉しいんだ」と痛感させられました。

　出産後妻は敗血症の症状が悪くなり、そのまま入院してしまい、小児
医療センターに搬送された啓とは会えないまま過ごしていました。
　私からの情報だけで不安が大きくなっていたのでしょう、母乳も出な
くなってしまいました。看護師から「あなたが今できることは、赤ちゃ
んのためにおっぱいを出すことでしょう」と怒られたほどでした。
　その後、そのナースは胸のマッサージをしに来てくれたそうです。
　そんな状態の妻から、
「お父さん、啓は重い障害になるね。啓の将来はどうなるの？　お父さ
んは太陽の家にいるのに分からないの？」と問いかけられました。
　私は思わず、「太陽の家があるから大丈夫。自分は太陽の家の所長だ
から啓が学校を卒業するまでに、太陽の家を日本で一番良い施設にして
おくから」
　と約束をしてしまいました。

「日本で一番」

　それは、建物ではなく職員のことを考えました。

　自分が本当に苦しんでいるとき、支えてくれ、励ましてくれ、親らしい親にしてくれたのは、医療センターの看護師です。

　太陽の家の職員にも同じようになってもらうことを決心したのです。

岩手県／高谷こずえ

コラム　密かな楽しみ

　昭和５９年４月に太陽の家が開所して以来、太陽の家ではバスによる
送迎がずっと行われてきています。
　私もずっとこの送迎業務に入り続けています。

＝朝の越谷便＝

　太陽の家に到着する少し前に、国道１２２号線をオーバーブリッジで
越えていく道路を通ります。
　このオーバーブリッジが近づくと、送迎バスに乗っているまゆみさん
やこうたろうさんたちの、
「今日はどうかな？」
「見えるかな？」
「大丈夫じゃない？」というような会話が始まります。

　実は、このオーバーブリッジの頂点まで行くと、冬の天気の良い日に
は富士山が見えるのです。気づいた私が富士山を指差しながら、仲間た
ちに、「ほら！　見えたよ！」と声をかけていたのがきっかけでした。
　見えたときは「見えたね！」「きれいだったね！」というやり取りが
車中を包みます。まゆみさんが、
「松本さん、富士山が見えると、ちょっぴり幸せな気持ちになるね！」
と言ってくれました。
「そうだよねー！」と同じ気持ちの私も答えました。

160　　2章　コラム　密かな楽しみ

＝鳩ヶ谷便の朝のコース＝

　コースの終わりの頃、まさこさんを迎えにいきます。バスポイントは自宅のすぐ前の道路です。

　送迎バスが見えると、玄関前で待っていたまさこさんが、満面の笑顔でゴムまりがはじけるように駆け寄ってきてくれます。

　お母さんがバスのドアを開ける前に、窓から車内を覗き込み、いつものみんなと私が乗っていることを確認すると大喜びしてくれます。

　私もこの歓迎がとても嬉しく、そのたびに笑顔で、
「おはよう！」と声をかけます。

　期待するものがあるまさこさん、期待されている私。

　これも密かな楽しみです。

　ある寒い冬の日の朝のコース。

　送迎バスに乗っていたまきさんが、
「松本さん、大変！　木が裸になっている！」と伝えてきてくれました。

　まきさんとは、送迎中に、
「葉っぱが出始めたね！」「花がきれいに咲いたね！」というようなやり取りをしてきました。

　まきさんは、その木のことを覚えていて、落葉して枝だけになった木を見て「裸になっている」と伝えてきてくれたのです。

　私が「本当だ！　裸になっちゃったねぇ！」と答えると、まんざらではないまきさんの表情がミラー越しに見えました。

161

ペンギン／大串憲嗣

3章
花を支える枝や幹、根
=論・思・理=

東京都美術館　工房集作品展「生きるための表現」記録集 より

❀ 違いと優劣 ❀

「違い」は大切ですが、違いと優劣は異なります。お互いに違いがあることを了解する関係性が大事で、それが社会の標準になると、みんながもっと生きやすくなると思っています。

「働くことは権利」を実践するために

働く I　サンだいちの仲間たち

> 障害の一つに多動と言われる人たちがいます。やみくもに動き回っているようですが、実は何か意味があって動いているようです。そこを理解することで、集団や活動への参加ができるようになっていきます。

◆追いかけない

　太陽の家の仲間たちは、色々なグループ（班）に分かれて仕事や活動をしています。「サンだいち」はそのなかの一つの班で、重い知的障害や自閉症があり、「強度行動障害」と言われる人が多く所属しています。

　日中は、ウエス作業と言って、古着を集めてきて、それを綿１００％のものとに分け、手で裂いたり、はさみで切り分けて、工場の油拭き用の布（ウエス）にして売るという仕事です。
「多動」な人たちの集まりなので、一人連れてくると誰かがいなくなる、そのうち振り向くと誰もいない、というような状況がありました。

　職員もその繰り返しに疲れてきてしまったので、私から、
「もう、追いかけない。連れてこないっていうようにしたらどうかな？」と提案しました。

164　3章　働く I

「じゃあ、どうしたらいいんですか？」

と職員から質問が返ってきました。

「きっと、ここにいるより、興味や関心、気になる物があるから行ってしまうんじゃないかなぁ？　仲間と仕事をしているとき、立ち上がってどこかに行こうとしたら止めるんじゃなくて、今やっている仕事を見せて、『帰って来てね、待っているよ！』と約束したらどうかなぁ。

１０回のうち１回くらいは偶然帰ってくるから、そのときうんと評価しようよ！」と伝えました。

それから、「帰って来てね！」の取り組みが始まりました。

すぐには効果が出ません。

その効果が実感できたのは数年後です。

太陽の家にやってくる仲間たちの中には、おとなに声をかけられるだけでパニックになったり、不穏になってしまう人がいます。

自分以外の他者とあまり良い経験をしてこなかったのでしょう。

そんな人たちが、帰ってきたときに「おかえり！」「頑張ろう！」と評価され、褒められ、励まされることで少しずつ変わっていきました。

職員は「行ってはいけない！」と制止をする人ではなく、「おかえり！」と評価してくれる人なんだという認識が彼らの中で育ち始めたのです。

数年すると、やみくもにどこかに行ってしまう人たちではなく、なんとなくでも、そこにいてくれる人たちになっていきました。

今では、サンだいちの仲間は、自分の番が来るまであまりうろうろすることもなく待っていて、「○○さん」と声をかけられると、職員と一緒に仕事を始めてくれます。声をかけられて、パニックになったり、不穏になってしまう人はほとんどいません。

　自分に声をかけられるときは、制止をされたり注意をされるのではなく、自分の役割がきたときと分かってくれているようです。

◆職員による多彩な配慮

　仕事は、基本的に職員と一対一で行います。

　仕事を始めるにあたっては、仲間たち一人ひとりが仕事をしやすいように、職員によって様々な配慮がなされています。

　例えば、切り込みを入れた布を用意し、「はい！　ビリビリ！」と行為をイメージできるような声掛けをする。

　一人で裂くことが難しい人には、職員と引っ張りっこのような形で布を裂くようにする。

　はさみで切るときに、真ん中を意識したりまっすぐ切ることが難しいので、切る布に線を引いたり点線にしたりして、切るところをイメージしやすくする。

　大きな集団だと落ち着かなくなる人には、作業台を島のように点在させ小集団のようにしたり、本人の横や後ろに簡単なついたてを立て、居場所感を持ちやすくしたり……とその配慮は、随所に多彩に用意されています。

仲間たちには、自分の分を切り終えると、その布を別の職員のところまで運んでもらいます。
「運んでいく」という目的意識を、運び終わるまで持続してもらえるように、渡し手の職員が、
「○○さんまで持っていってください」と切った布が入っているかごを手渡します。
　すると今度は受け手の職員が、
「こっちですよ！　お願いします」と声をかけます。
　仲間たちはその声に支えられ、励まされて、運び切っていきます。
　自分の分が終わったら、仕事は終わり。継ぎ足したり、何度も繰り返してやってもらうことは基本的にはしません。
　それをやってしまうと、職員と仲間の信頼関係が崩れてしまい、誘ったとき来なくなってしまうからです。

　取り組みが始まって１０年以上経ちました。
　当初の頃とは全然違う風情になっている仲間たちです。仕事ができない人は一人もいません。
　それぞれが、自分に合った、自分らしく行えるスタイルで仕事に取り組んでいます。

五十嵐久

働く Ⅱ　太陽の家の労働の定義と3つの見通し

太陽の家では「働く」ことは権利であり、青年期を迎えた仲間たちの中心的活動と捉えています。
そして、働くことは「何をするかで」はなく「どうあるべきか」というありようで考えています。
太陽の家では、
Ⅰ　社会とつながる事（社会的に評価を受けるものを作る）
Ⅱ　働くことを通して一人一人が豊かに育つ（自己実現）
Ⅲ　お金を稼ぐ（労働の対価として社会から受ける評価）
の３点があれば、その人は「働いている」と考えています。
障害の重い人たちが労働に参加するためには、様々な配慮と工夫が必要になります。
ここでは、①量の見通し、②質の見通し、③役割の見通し、
の３つの見通しについて考えていきます。

①量の見通し……ひろしさん

　ひろしさんは、太陽の家の第二期生で私と同期です。

　彼と一緒に取り組んだ仕事は「缶プレス作業」。

　一緒に地域を回って缶を集め、アルミ缶とスチール缶に分け、つぶして、売りに行くという作業です。

　集めてきた缶を大きなかごに入れ、電動の缶プレス機に投入していくと、中で回っているローラーが缶をつぶしていってくれます。

かごから缶をつかみ上げ、プレス機に投入すればいいというものなので、あまり複雑な工程ではなく、あんばいを注意しなくてはならないものでもありません。

　ところが、ひろしさんはなかなかこの工程に参加できません。

　缶が入っているかごのところへ連れていき、「入れてねー」と投入を促すのですが、固く目をつむり、手を出そうとしません。

　そこで、手を添えて一緒にやろうとすると、自分で自分の顔を殴りつける自傷行為が始まってしまいます。

　この取り組みを何ヵ月か続けていくと、何もやらないのではなく、時々わずかではあるけれど、自ら手を出し缶をつかみ、プレス機に投入する姿が見られるようになっていきました。

　さらに様子をよく見ていると、単なる偶然でやったのではなく、やるときとやらないときとでは、一定のルールがあることが分かってきました。

　プレス機の前に置いたかごが大きく、入れられている缶が山盛りのときには、手が出ません。逆にかごが小さく、入れられている缶の量も底が見えるくらい少ないと、手が出るのです。

　そこで、ひろしさんが投入作業をするときには、かごを小さくして、投入する量も少なく設定してみると、よく手が出るようになっていきました。

　ひろしさんはできないのではなく、どこまでやっていいのか分からず不安でいっぱいだったのです。

そのことを理解せずに、促しているときにはうまくいかなかった作業が、こちらが意図的に配慮することで、彼は安定して参加できるようになっていきました。
　知的障害がある人たちに対して、仕事の設定をするときには、「何を」「どれくらい」という提示を分かりやすくすることが大切です。「終わり」が見えることで、意欲が喚起されます。

　こうして、その人らしい量がこなせるようになると、仕事なので、当然次にはこなせる量が増えて欲しい、と思うのが普通だと思います。
　「本人が作業を行っている間に、継ぎ足していく」
　「もう1回だけやろう、を何回も繰り返す」
　これはだめです。

　量を増やすときには、二つの方法があります。
　一つは、今本人が行っている量と、同じ量のものをもう一つ用意し、最初のものが終わったら、「もう1回だけ挑戦！」と促します。
　このときには仲間から見て、「この人が言うんじゃしょうがない」という信頼関係ができていることが重要なポイントです。
　もう一つの方法は、今本人が行っている量よりも多めの量を用意して、「この量でも頑張れるよ！」と促すことです。
　このときには増えた量を本人が自覚ができ、そこに挑戦できる自覚があること、励ませる職員との間に信頼関係があることが重要になります。

②質の見通し……あつこさん

　あつこさんは、知的障害に加えて身体障害があります。

　体の緊張もあり、他の人と同じような量や出来上がりがこなせません。そのことの自覚があるため自信がなく、顔を上げられず泣いてばかりいました。

　あるとき、職員が「織り」に誘ってみました。

　リードのついたシャトルを使うので、身体障害があるあつこさんでも織ることができました。

　そして、シャトルを使って横糸を通す行為を通して、自分が、能動的に働きかけた結果、新しい色や形が生まれてくるという質の変化に、あつこさんは大きな関心を持つことができたのです。

　それが働くことや、働き続ける意欲になっていきました。

　今では、自分の作り上げた作品が、周りから評価されることも彼女の意欲の根源になっています。

織り機／佐々木華枝

③役割の見通し……けんとさん

けんとさんは重い知的障害があり、缶プレス作業、ウエス作業、下請け作業などに参加してきましたが、何かいまひとつといった状況の中にいました。

そう、けんとさんはマイペースなのです。

雨が降ると来ません。雨が嫌なのではなく、空から降ってくる雨粒をじっと見ていたり、生垣の葉っぱのしずくが落ちるのが気になり、歩みが止まってしまうので、遅刻になります。

「お宅の人だと思うんだけど、もう半日空を見ているけど大丈夫ですか」と、雨の日にはよく電話がかかってきました。

そのけんとさんが、ある年度から無遅刻になり、心なしか生きいきとしています。

その年度からけんとさんは新しくできた班の一員になりました。

仕事の内容は、隣にある病院の駐車場で古本を売る仕事です。

他の3人のメンバーは身体障害があるため、台車に古本を乗せて病院まで運んでいくこと、運んで行った古本を机の上に並べることはけんとさんの仕事になりました。

担当職員の野崎さんから、

「最近のけんとさんは歩くときの様子まで変わってきました。以前は、自分の後ろを自信がなさそうに歩いていたのが、最近は自分と肩を並べて、意気揚々と歩くんですよ」と報告を受けました。

そこで、けんとさんのお母さんに、
「今年はどうしちゃったんですか？　遅刻もないし、自信も出てきたみたいだし」と質問をすると、お母さんから、
「けんとは最近、『僕が行かないと古本屋ができない』と言うんですよ」という答えが返ってきました。
　量の見通しや質の見通しの配慮をしても、なかなかマイペースのままだったけんとさんが、集団の中で自分の役割を自覚できたことで、積極的に仕事に参加できるようになっていったようです。

　人間は多様ですから「量の見通し」「質の見通し」「役割の見通し」のこれらをうまく組み合わせて提示していくことで、仲間たちの仕事への参加が」可能になっていきました。

のうだま／納田裕加

働く Ⅲ　表現活動を中心にした労働の取り組み
～自分らしく生きるために～

　現在、太陽の家では多くの仲間たちが「表現活動」を仕事にしています。

　一般的には、施設の中では絵画、織などは余暇やクラブ活動として扱われることが多いのですが、太陽の家では二つのことをきっかけにして、この「表現活動」が仲間たちの仕事になっていきました。

　きっかけの一つは、「バブルの崩壊」です。

「バブル」と言われた時代には、太陽の家のような障害の重い人が大勢利用している施設にも、仕事の依頼がきていました。内職仕事と言われるようなものです。ところが「バブル」がはじけると、業者からの評価が１８０度変わってしまいました。

　それまでは太陽の家なりに評価され、重宝がられていたのですが、

「太陽の家は遅くて、量ができなくて、正確ではない。同じ人件費やガソリン代を出して材料を提供するのであれば、経済の仕組みから見て太陽の家は最も困る施設です」

　と言われ、次々と仕事を打ち切られてしまいました。

　例えば、「割りばしの袋詰め」の場合、仲間たちは割りばしを端まで入れて、そのまま穴が開こうが構わず押していってしまうので、いつまで経っても終わりません。「箱折り」の場合、線に沿って折るというのが非常に難しい。

仲間たちは一生懸命仕事に参加していますが、経済効率上一番ダメな施設というわけです。しかしその評価と、私が日々仲間から感じている姿とは大きくずれます。そこで、職員で話し合いを持ちました。

「また新しい仕事を探してきて、仲間に伝えて練習してやればいいのかなぁ？」
「でも、膨大な時間がかかる。しかも、またそれができるようになるかなぁ」
「新しい仕事が見つかってできるようになっても、遅くて、量ができなくて、正確ではないという評価は変わらない。そうであれば、仲間たちの興味関心があるもの、得意なものを通して仕事にしたらどうだろう」
　ということになりました。

　もう一つのきっかけは、まきこさんとの出会いでした。（１章２話「この子を産んで初めて褒められた」）
　どんな誘いかけにも関わりを拒否し続けていたまきこさんでしたが、お母さんから、「まきこは絵を描くことが好きで、自宅ではよく絵を描いている」という話を聞いた担当職員の宮本さんが、チラシに載せる絵の制作を頼んでみました。
　するとまきこさんは、堰を切ったように絵を描き始め、毎日毎日何時間も描き続けました。その姿にショックを受けた私は、
「楽しそうにやり続けるって才能だと思う。この才能を生かして仕事にしてみよう」と宮本さんと話しました。

いきなり原画を商品にするには困難が大きかったので、まきこさんの描いた絵を基にポストカードを作り、あちこちに置かせてもらいました。

　それがきっかけとなり、彼女の作品がしだいにプロのアーティストの目に留まるようになり、専門性のある人たちが、まきこさんに会いに来てくれるようになりました。

　さらに、そういう人たちのネットワークを通じて、まきこさんの作品が社会に出ていくようになりました。

　すると、周りの人や活動との関係があんなに頑なだったまきこさんが、少しずつ心を開いてくれるようになってきました。それだけではなく、お母さんも「我が家の宝」とまで評価を変えてくれました。

　このような変化は、私たちを大きく励ましてくれました。これまで太陽の家では「３つの見通し」を組織し、多くの仲間たちが労働に参加できるようになってはいたものの、その参加している仲間たちのあまり楽しそうではない表情をしていることや、今参加できるようになった作業の次の課題が見えづらいというジレンマも抱えるようにもなっていたのです。

　この二つのきっかけを通して、職員たちは発想を180度転換しました。「できないことをできるようにする」のではなく、「本人が好きな事、興味がある事、やりたいこと」を軸に活動を組み立て、その活動を通して社会参加を図るということにしました。それが、表現活動です。

　一人ひとりが自分らしくいられる表現活動を活動の軸にして、絵、織物、ステンドグラス、和紙など、自分たちで創る自主製品で社会参加す

るという、新しい仕事の形を模索し始めました。そして表現活動を仕事にしたいという願いから、仲間の仕事場＆外部に開かれたギャラリーとしての工房集が誕生しました。

　その結果、職員たちの仲間を見るまなざしが変わっていきました。「できないこと」を探すのではなく、「できること、好きなこと」を探さなくてはなりません。仲間たちもそのまなざしに応えるかのように、色々な可能性を提示してきてくれました。お互いに肯定感が育まれ、信頼関係が育ち、だんだんうまく回るようになっていきました。

　その結果、あらゆる可能性が否定されず色々な表現活動が生まれていきました。

　これまで、自我やアイデンティティが未成熟だと「表現活動」は難しいと思われていました。しかし、表現活動を通して自我やアイデンティティが成熟していくことも分かってきました。

　今、仲間たちは「何かができない人」なのではなく、「限りなく可能性を秘めた人」です。多様性を認め合い、相互信頼に基づき、お互いの関係性を育んでいく、そんなことが日常になっています。

　そうして、その後、たくさんの仲間たちが表現活動を仕事として取り組み、社会参加を果たしていきました。

　表現活動を仕事にしたいという願いから、仲間の仕事場＆外部に開かれたギャラリーとしての工房集が誕生した。

　この仲間たちの姿は、社会の中の障害のある人たちの存在意義を変える、新しい価値観を創造しているように思えます。

　私たちは、このような関係が社会の標準になり、みんなにとって社会がより良い明日になっていくことを願っています。

コラム
工房集とは？

　「工房集」は福祉の現場にギャラリーがある福祉施設であり、アトリエ、ショップ、作品展中はカフェにもなるという色々な機能を兼ね備えています。

　また一方で「工房集（KOBO-SYU）」は社会福祉法人みぬま福祉会のメンバーの表現活動を社会につなげるプロジェクトです。「そこを利用する仲間だけの施設ではなく、新しい社会・歴史的価値観を創るためにいろんな人が集まっていこう、そんな外に開かれた場所にしていこう」という想いを込めて集（しゅう）と名付け、2002年にスタートしました。

　そもそも「表現活動」は、彼らにとって大切な仕事です。1994年頃、既存の仕事に合わなかった1人のメンバーをきっかけに、障害の重い人たちの労働を模索し続け、その果てに始まりました。今ではみぬま福祉会が運営する各事業所に計10か所のアトリエがあり、120名程が何かしらの表現活動に取り組んでいます。その表現方法は絵画、織り、ステンドグラス、木工、写真、書、詩、漫画、紙粘土・・・。またそういうジャンルに当てはまらない糸を使った作品やビニールテープを使った作品、銅線を使った作品、ホットボンドを使った作品・・・、これっていったい何！？　という作品を創る人まで多種多様です。決して才能がある人を集めたわけではなく、むしろその逆で、「こんなこと出来ると思わなかった」人たちが、「何もできない」と言われてきた人たちが、今までにない作品を生み出し、本人も幸せになっているだけでなく、周りの人の意識や価値観まで変えています。（工房集HPより）

コラム　内なる光をつくり出す

中津川　浩章（美術家）

はじめて足を踏み入れる

　20年前のある日、友人の画家から素敵な絵のポストカードを見せられました。「こんな作品があるけど興味ある？」「この施設に行ってみたい？」と。

　その頃、私はいわゆる"アールブリュット"や障害のある方の表現にとても興味を持っていました。銀座の現代アートギャラリーが企画した展覧会のために病院や保健所のデイケアに出向き、精神疾患の方々と一緒に作品を作ったりしていました。同じ頃、日本障害者文化芸術協会がエイブル・アート・ジャパンと名前を変え、そこに関わって活動を始めた時期でもありました。

　もっぱら「作品」に惹かれていた私は、それまで福祉とはまったく無縁の人間でした。友人の誘いに、「アートをしている福祉施設か、どんなところだろう、面白そうだな」という軽い気持ちで「川口太陽の家」を訪れたのです。

　はじめて足を踏み入れた「障害者福祉施設」で私は強烈な印象を受けることになります。

　小さな暗い部屋で黙々と絵を描いている人。色とりどりの糸を何かにひたすら巻き付けている人。叫ぶ人、ものすごい力で手を握ってくる人、ドンと体当たりのようにしてくる人。もうびっくりです。その頃映像などで紹介されていたヨーロッパの障害者のアートスタジオをイメージしていったのですが、そんな洗練された感覚とは真反対の福祉の現場でした。そこ

にいる人たちはみなバラバラと好き勝手にしていて、おのおのがゆらりゆらりと浮遊しつつ存在している。その場の在り様に驚きながらも、それがとても新鮮で面白くて深く心に残りました。

　その後、浦和ＮＨＫホールで行われた太陽の家の展覧会の時に展示作業ボランティアとして手伝うことになり、初めて施設長の松本さんとお会いしました。その時の松本さんはまだまだアーティストという存在に疑いの目を向けていたように思います。皮肉な言葉を連発していました。実際に会う機会が増えるにつれてだんだんと友好的（笑）になっていった松本さんとはじつは同世代。ちょうどそのころ僕は講師として山形の独立学園高校に行っていました。卒業生は酪農と福祉関係に進むことが多く、松本さんも独立学園の卒業生をよく知っていたこともあって、そうしたつながりから少しずつ親近感を増していったような気がします。

これはすごいことです

　日本で障害がある人のアートが注目されるようになってからもうだいぶたちます。全国各地にアート活動をしているたくさんの施設がありますが、その中でも工房集のアプローチはかなり特異だと言えます。母体であるみぬま福祉会全体が表現活動に力を注ぐようになった今では、なんと１３０人もの仲間が何らかのかたちでものを作っているのです。今や世界的な評価を受ける人が何人も出てきました。全国各地の展覧会に招待され出展する仲間もおおぜいいます。ファッションブランドとコラボレーションすることもあります。これだけ大規模に、しかもひとりひとりがユニークかつパワー溢れる作品を生み出している。みんなが好き勝手にいろんな思いを表現しまくっている。これはすごいことです。

181

仲間たちが生み出す作品はほんとうに魅力的です。どれもこれも心の底から表現したくて作っている。それはまっすぐ人の心に浸透してきます。構図がいいとか構成力がすぐれているとか、表現力があるとか社会を表象するとか、ありきたりの美術の批評言語に回収されない、今を生きている人間の切実なものが詰まっています。

　どうして集からそんな魅力的な作品がたくさん生まれているのでしょうか。たまたま才能がある人が集まったから？　能力が高い指導者がいたからでしょうか？　それを可能にしてきた背景には、みぬま福祉会が設立当初から掲げてきた理念があります。そこに連なる人々の共通の願いを実現するために、困難を一つひとつ乗り越えながら積み重ねてきた日々の実践があればこそです。実際、工房集を立ち上げようとしたときにもかなりの逆風が吹きました。建築説明会が行われた会場で、後援会の方から強い疑問の声、否定の言葉を投げかけられたこともありました。かんたんには理解を得られないむずかしい状況の中で、この新しい試みを進めるよう強くバックアップしてくれたのが松本さんだったと、あとで宮本恵美現工房集責任者から聞いたことを思い出します。

存在することに意味がある

　集のメンバーは最初から才能があるからという理由で集まったわけではなく、むしろ作ること以外は何もできない仲間が多いのです。表現の形式はみんな見事にバラバラで個性的です。個人が個人として肯定され大切にされている、そういう場所から生まれてくる作品の持つ表現の率直さ。だから人の魂に直接響くのでしょう。

　作品が売れなくてもいい、有用性がなくてもいい、痕跡だけでもいい、

ゴミみたいなものでもいい。表現することは素晴らしい。表現したい思いがあるのだったらサポートしていこう、彼らの持っている特有の身体性や異なる個性をまるごと受け入れる、その姿勢を貫くことができるがどうか。ひとりの人間が持っている表現の意味をどうとらえるのか、可能性として認識することができるかどうかだと思います。

　人はだれしもできないこと、足りないことを抱えて生きています。そんな人間が生きて存在していること自体に価値がある、何ができるかではなく、できなくてもいい、ただいるだけでいい。存在することに意味がある。存在に対する肯定感は、今の私達が生きている社会にも必要な視点です。集の活動にはアートと福祉を超えてこれからの社会に必要なものがたくさん詰まっているのです。

できないということの価値

　人はどうして表現しようとするのでしょうか。芸術の始原、発生、美の始まりについて考えていくと、突き当たるのは人間にとっての「欠損」ということ。そこに深く結びついているということです。これは障害者に限ったことではなく、生きている人間すべてに当てはまります。おもて向きの障害の有無ではなく、健常者であっても表現することの内側には欠損があるのです。ジャン・ジュネによれば「美には傷以外の起源はない。単独で各人各様の、かくされた、あるいは目に見える傷、どんな人間もそれを自分の裡に宿し、守っている」のだと。欠損にこそ表現の起源がある。まさしくそういうことだと思います。

　一本の線を引くのも容易ではない人間が描いた線は、そうではない漫然と描かれた線とは、視覚的に見てもどこか感じが異なります。不自由さか

ら生まれる線は、不自由だからこそ人間の生のリアリティがあらわれます。一本の線から、描いた人間の喜びや怒りやとまどいなどさまざまな感情を感じとることができます。できることとできないこととがぶつかり合うところにリアルな生の感覚が開く可能性があるのです。そこにある線は、概念では単なる一本の線にすぎません。が、その意味や受ける感情や感覚の拡がり方がまるで違うのです。概念に回収されてしまうと、美術の本当の魅力は見えなくなってしまいます。美術は直接感覚から入り、意味より前に感覚を揺さぶるものだからです。

　集のメンバーである齋藤裕一さんは、世界的に高い評価を受ける作家です。彼は、できることが非常に限られていました。好きな文字を描く、ということだけに集中し飽くことなく描き続けてきたことで、現在のように文字が集積する類型のない彼独特のスタイルになっていったのです。できない、ということが反転して価値となったのです。

　障害がある人は社会的には一見無力な存在に見えます。でもその内面には、自由な遊び心や反逆精神、願いや祈り、あらゆる思いや感情がたしかに存在しています。何をするにも人の何倍もの努力と忍耐を必要とする、ただ強いだけではないしなやかさも。秘められた内面の大きさ深さ、そして強靭さには計り知れないものがあります。だからこそ、その人の内にある生々しい感覚が何らかの形をもって外に現れ出た時、そこに触れる者の精神にまで響く強い力を持つのだと思います。その「無力の力」の顕現にこそ表現の大きな可能性があると思っています。

内なる光をつくり出す

　表現とは何であるのか、どういった意味をもつのか、アートそれ自体の価値も問われる時代になっています。表現することによって思いや感情は外へと開かれます。表現を通して他者とつながり触れ合い、互いを理解し尊重しながら生きていくこと。それは人間にとって本質的な幸福ではないでしょうか。

　芸術や文化は社会学的に上部構造であるという考えがありますが、私はそうではなく表現することこそ、人として生きることの原点、生きることに必要な下部構造だと思っています。アウシュビッツに収容されたユダヤ人の多くが希望を失い亡くなっていった、そんな絶望的状況の中で生き残った人たちは、絵を描いたり歌を歌ったり詩を書くことができた人、表現することができた人たちであったと、かつて読んだ記憶があります。生き延びるために必要な行為。内なる光を作り出すこと。それが、表現の本質だと思います。だからこそ障害がある人は表現することが必要なのです。たとえそれがミミズののたくったような線だけの絵でも、紙粘土をにぎっただけのかたまりでも、紙をクシャクシャにしただけのものでもいいのです。それで気分が落ち着き、心が安らぐのであれば。どんなにささやかでも何かしら得るものがあり何かが変わるのならば、その人にとってそれは必要な行為であり、もはや表現と呼んでいいのではないでしょうか。

社会にコミットする

　障害があっても表現することで、その人の生命体としてのフィールドは格段に広がります。たとえ歩くことができなくても、作品をとおして日常を跳び超えて行くことができ、ふだん接する機会がない人とかかわるチャンスが生まれます。

　作品に向き合い、感覚を通じて繋がる時見えてくるのは、今を生きているひとりの人間の存在です。喜んだり悲しんだりしている生身の人間がいる場所です。一人ひとり違う個性があって、生きているんだぞと訴えかけてきます。そこに表現の原点、意味があるのです。彼らの作品に心を動かされた人は、その感動の理由を確かめたくて、その背景や障がいについて少しずつ学ぶことになるかもしれません。かかわりがより深まることで作者へのリスペクトも生まれるでしょう。それは私が辿ってきた軌跡そのものです。

　障害者のくらしや障害者のリアルな姿はなかなか見えにくく、まだまだ十分には理解されていません。隔離された中だけでの幸福を求めても限界があります。社会の中に、街の中に出ていき、多様な人とつながる機会を作ること。できるだけ開かれた制度や組織を作りだし、健常者も障害者も分け隔てなく生活できる場所と機会をもっともっと増やしていくために何ができるでしょうか。表現という手段でもって彼らが社会にコミットしていくことには大きな意味があります。私の関わりは彼らの表現行為をアートの俎上にあげ、展示し、テキストを書き、障害やアートの意味や価値をつくりかえること。障害者の表現をとおして価値転換、表現の革命を起こしたい、そう思っています。

　「障害者アート」という言い方は、ほかに代わりが無いとつい使ってしま

うのですが、正直言ってこの言葉には違和感を覚えます。本来は必要ない妙な言葉です。アートはアートでいいじゃないか、そんなふうにいつも思います。けれど今はまだ、この言葉がないと障害そのものや取り巻く現実を理解してもらえないことも事実です。その矛盾を飲み込みながらも、いつか「障害者」という言葉が外れて、当たり前にアートとして成立し社会に認められる時がきっと来るだろうと思います。工房集やその活動は、「好きなこと」「これしかできないこと」をしていきながら、未来に向けた視点と価値を作っていく最先端の現場です。アートという狭いカテゴリーだけでなく、社会にとっても大きな意味を持つ場所にきっとなっていくはずです。

誰もが豊かな人生を送れるように

　障害がある人もそうでない人もどんな人でも、じつは天才で豊かな創造性をみんな持っています。ただ、それを発現する機会と場所はたいてい成長とともに奪われていってしまう。障害がある人は、残念ながら社会の中で満足な教育や働く場所を与えられてはこなかったけれども、それゆえに現代社会の約束事から辛うじて自由であることができたとも言えます。感覚を徹底的に肯定する彼らの自由な精神は、作品を生き生きと輝かせます。彼らの創造性は私たちにとって宝物です。仲間の作品を見ていて、ある瞬間ふと自分の中に湧き上がってくるプリミティブな感情に気づくことがあります。怒りや悲しみだったり、好きなことを好きなだけ繰り返したい願望だったり。それはピカソやアートのマイスターの作品から受ける感覚と同じです。心が解き放たれて自由に動き出す。私たちはもっと表現してもいい。しなくてはいけないと思わされます。

絵を描いたり表現することによって、障害が無くなったり治るわけではありません。周りの人たちが変わっていくのです。すばらしい表現を生み出している作者の存在に気づくことで、相手をリスペクトする気持ちが起こり心が変化していくのです。そうして関係性が良くなり互いに豊かな人生を送ることができたら、それはとても幸せなことです。

　松本さんと最近話していて印象に残った言葉があります。「ねえ、中津川さん、福祉ってなんだと思う？　……福祉ってさぁ、人にやさしくすることだよね」

　何というシンプルで的確な言葉でしょうか。福祉というとなんとなく、複雑に絡み合った制度や、難しい法律、そしてある種の正しさの強要など、考え始めると狭いところに入っていきがちです。この言葉を投げかけられて、福祉のイメージから自由になった気がしました。

「仲間が歩いたら歩く、走り出したら走る」仲間に徹底的に並走する覚悟は、理念や正しさではなくやさしさや愛からやってくるもの。工房集から魅力的な表現が生まれるのも、仲間たちの努力はもちろんありますが、仲間たちの間にいっぱい詰まっている愛の力も大きいと思うのです。人と人が互いに尊重しながらともに生きる、それが原点にあって、人にやさしくするために何が必要なのかを考え、それぞれができることをやっていく。自分とは関係のない場所、そう思って距離を置き遠くに見ていた福祉の世界。扉をあけてみたら外から見るのとは全く異なった景色が広がっていました。

　みぬま福祉会、工房集、松本さんたちがやろうとしていることは福祉の現場のみならずそこに関わるすべての人を自由にする試み。それがみぬま福祉会、工房集、松本さんの表現である、そう思います。

（なかつがわ　ひろあき）

きれいごと　理念 I

「松本さんや太陽の家は、いつもきれいごとばっかり言っているけれど、大丈夫なの？」とか、「なんで、そんな絶望的な人を受け入れるの？」と言われることがあります。

　たしかに、太陽の家の利用相談で出会う人の中には、大きな困難があり、色々な社会資源に断られ、最後に駆け込み寺のようにやってくるという人もいます。

　彼らが利用を断られてしまう理由は、大きく分けて二つあります。

　一つは、出会う社会資源の力量や理解不足。

　もう一つは、制度や法律が想定していない困難さを、重層的に併せ持ってしまっていることです。

　どちらにせよ、「断られる理由」をたくさん言われてしまう実態です。

　そんなとき私たちは、断る理由ではなく、どのように理解し、どのように考え、どのような配慮をしたら、その人を受け止めることができるかを考えます。

　次に紹介する文章は、処遇の困難さを理由に、市内の施設を何ヵ所も断られてしまい、相談に上がってきたNさんを受け入れるときの方針を決める会議で使用したものです。

＝方針を提案する前に＝

　K市では、この数年間の間に不幸な事件が3件起きています。最近では5月に障害のある7歳の女の子が母親に絞殺されています。いずれも、将来に展望や見通しが立たず、行き詰ってのことと推測されます。

　Nさんは、現在在宅です。本人の状態は不穏になっているとのことです。社会的な居場所が喪失された中では、当然の反応です。
　将来への展望や、見通しが立たないことを、本人や家族の責任として放置していいのでしょうか。
　家族も本人も、将来への展望や見通しを持ちたいと願っているのに、社会福祉、障害福祉に関わる人たちが断ち切ってしまっているとしか思えません。

　太陽の家へ相談に至る経過を見ると、理不尽さを感じざるを得ません。だからといって、仕方なく彼を受け入れるのではなく、太陽の家の利用につなげることが、今の彼の人生にとって大きな利益であると判断します。
　経過を見ると、「困った人」と評価されやすくなっていますが、ほとんどが、関わった事業所や職員の不理解がそうさせているのではないでしょうか。
　彼は「困った人」ではなく「困っている人」と理解したいと思います。
　以上のことから以下のような方針の提案をしたいと思います。

① 基本的に受け入れていく。
② 今後の新規の人の受け入れ方針は、今までと基本的に変わらず、太陽の家の改善工事が終わった来年度以降とする。今回は、緊急性が高いため、例外的な受け入れとする。
③ １６時から本人と家族との面接を行う。１６時からにしたのは、みんなが帰ったあと、静かな環境で心置きなく本人に太陽の家の探索活動をしてもらうため。
④ 本人、家族、施設の合意が確認され次第契約する。
⑤ まず、本人と仲良くなる。大切にする。

「松本さんや、太陽の家はいつもきれいごとばっかり言っているけれど、大丈夫なの？」と言ってくれた人に、
「本当に困難な人を受け入れるためには、きれいごとが必要でしょ。そのきれいごとで、躊躇する自分の背中を押して、困難さに向き合っていくんだよ。そして、実践する中で、きれいごとを具体化していくんだ」と。
「なんで、そんな絶望的な人を受け入れるの？」と言ってくれた人には、
「絶望は誰がしているんだろう、私やあなたではないだろうか？
　出会う彼らは絶望していない。希望を持っている。自分たちはその希望を支えるんだ」と伝えました。

無題／吉田拓実

矛盾や葛藤、困難を
乗り越えていくために　理念 Ⅱ

私たちは、日常の中で大きなストレス（矛盾、葛藤、問題）に出合うと、自我の中で「嫌だな」「逃げたい」「回避したい」という意識（本意的意識）が芽生えます。
そのままであれば、大きなストレスに出合うたびに逃避、回避、爆発、引きこもり等が起こるはずです。しかしそうならないのは、そういうときに自我の中でストレスを感じている自分に対して、「そうだけど……」「でも……」と反証し励ます「もう一人の自分」を立ち上げるからです。
この「もう一人の自分」がどのくらい成熟しているかで、ストレスに対しての耐性が決まってきます。

　ストレスに出合ったとき、「ちょっと一人で考えさせて」とか「一人になってゆっくり考えてごらん」というのは、「もう一人の自分」が成熟していることが大前提になります。
　この「もう一人の自分」が未成熟の人に一人で考えさせることは、不安を感じている「本意的意識」を揺さぶらせるだけで、かえって本人の不安を大きくさせ、回避、逃避、爆発、引きこもりを強く起こさせてしまいます。
「もう一人の自分」は生まれつきあるものではなく、親や家族から始まり、家族以外の他者との健全な関わりの中で育まれていきます。
「そうだよ」と言われる経験、「でもさー」と言われる経験の質と量が大切です。

「養育放棄」「虐待」等の家庭環境の劣悪さ、学校に行っていない、障害が重くて活動範囲が限定されていた人は、そうでない人に比べてこの「もう一人の自分」の育ちはとても脆弱です。

　それでは、そういう弱さがある人たちと出会ったとき、どう理解し、どう向き合えば良いのでしょうか。
　一番は、本人のことをよく理解している現実的な他者が、「もう一人の自分」の代替え機能として位置づくべきなのです。
　揺れているときには、揺れていない正しい現実が何よりもの支えであり、我に返る根拠になります。
　甘やかすとか過保護というようなことではなく、将来的に本人の自我の中で「もう一人の自分」を育てていくための大切な取り組みです。

無題／宮川佑理子

反抗期　論Ⅰ

　足が速いわけでもなく、空を飛べるわけでもなく、腕力も強くない、生物学的にはこれといって秀でたものがない人間が、現在の繁栄を築き継続できてきたのは、「社会」を構成してきたからです。

　「社会」は「群れ」とは違います。
　群れは「種の保存」に特化させた集団です。だから生物学的な弱者は異物として淘汰されていきます。
　しかし「社会」は、多様な存在や考え方を認め合い、寄り合わせながら、新しい価値を作り出してきました。
　だからこそ今があるのです。

　我々人間は、体の成熟が終わると社会への帰属意識が芽生えてきます。この社会への帰属意識を促すのが「反抗期」です。
　居心地の良い家を出て、新しい価値観に向き合っていくためには、今までの価値観を否定しなければなりません。
　今までの価値観の根拠であった親に反抗することが、新しい価値の出会いへと背中を押しているのです。
　私たちは親に反抗することで社会に向き合い、新たな考え方や人間関係、集団、活動に出会い、その一員になり、社会を作ってきたのです。

障害のある人も青年期を迎え、体の成熟が終わり、いよいよ社会の一員になる時期を迎えます。

　当然、社会への帰属意識を促すために反抗期を迎えます。親に反抗しながら新しい価値観を求めて社会に意識を向けていきます。

　しかし、障害のある人は、なかなかそこがうまく進みません。

　親は、必死の愛情で障害のある我が子を育ててきました。

　だからこそ、我が子が反抗期を迎え、社会への帰属意識が芽生えてきたことに気付きづらくなっています。

「もっと社会に向き合いたいのに解き離してもらえない」

　そんないらだちが仲間たちの状態を一層困難にさせていきます。

　仲間たちが健全に社会の一員として位置づいていくためには、関わる私たちが、意識的に新しい価値に出会える場を組織していく必要があります。

　それが、家族とは違う人間関係や、集団、活動との出会いになります。その中で仲間たちは、自我を確立させ、拡充させ、自分が分かり、他人も思いやれるようになっていきます。

　この力は、孤独から解放されていく力にもなるのです。

「孤独をつくらない」

　これが社会を構成するうえで重要な価値観になっていくのです。

自立　論 II

　今は「自立」がブームのように語られています。「障害者自立支援法」「自立教育」等々。

　特別支援学校の教員に、

「自立ってどういう概念で捉えているの？」

「教員たちで自立についてどういう共通認識になっているの？」

　と聞いても、明確な答えが返ってきません。

「分からないことを教えているの？」というのが率直な私の感想でした。

　家族の人と話をしてよく聞こえてくるのが、

「うちの子は障害が重いので自立なんかできません」という言葉です。

　そのように言うお母さんたちの「自立」のイメージは、「一般就労して、納税者となり、独り暮らしができる」です。

　つまり、色々なことができるようになることであり、ある到達点をイメージして、そこに届いているか否かということのようです。

　その視点だけで、太陽の家の仲間を見れば、ほとんどの人が「自立できない人」ということになりますが、どうもそのような実感にはならないのです。

　太陽の家の仲間から見えてくる「自立像」が、はっきりとあるように思えます。

　愛情深く、大きな理解が常にある家庭を離れ、支援態勢があり、関係

性や活動が家族以外に移っても、本人が安心して健康的な暮らしが恒常的に続くのであれば、自立の歩が大きく進んだと言えます。

障害のない人は、それをある程度自然発生的、意識的に行えますが、障害のある仲間たちにとって、それを自分で切り開いていくことは大きな困難です。

そもそも私たちは、自立は権利だと考えています。

労働や教育と同じように、どんな人でも平等に享受されるべき権利であり、権利を行使することができるための配慮があればいいと思っています。

仲間にとっての「権利としての自立」を保障していくためには、社会の中での居場所が必要になります。

また「自立」は到達点や、できる、できない、だけではなく、「経過」や「ありよう」で語るべきものだと思っています。

私たちは仲間の姿から、次のように階層としての「自立」を考えました。

第一階層　　自分で立つ
第二階層　　自分らしく立つ
第三階層　　自分たちで立つ

この３つが端境期のように緩やかに混ざりながら発達していくように思えます。

◆「第一階層　自分で立つ」

　生まれてから、義務教育の初め頃までの間。
「できないこと」が「できるようになる」時期を言います。
　歩けない人が歩けるようになる。手づかみでとっていた食事が、スプーン等で食べられるようになる。着替えが自分でできるようになる等々。
　しかし私たちは、できることが無限には増えていきません。誰しもがどこかで上限がやってきます。障害の重い人であれば、それがもっと早くやってきます。

　障害のあるお子さんを持つお母さんたちは、この「できないことができるようになる」ことを強く意識するあまりに、上限と出合うと「自立できない子」という評価になってしまいます。
　ここで大切なことは、「あれも、これも」とできるようになることを、量的にはかることだけではなく、例えばお母さんとしか食事ができなかった人が、お母さんとは違う人とでも食事がとれるようになれば「自分で立つ」自立の歩が進んでいると言えます

◆「第二階層　自分らしく立つ」

「自分らしさ」ってどのように育つのでしょう。
　お坊さんが座禅を組んで、一人で瞑想する中で生まれるものではありません。家族も含めた、自分以外の他者との関わりの中で、育まれていくものです。

私は小学校のときには体が弱く、運動を止められていた時期がありました。中学になって運動が解禁されサッカーを始めたのですが、スポーツを始めた時期が他の人より遅かったこともあり、なかなかレギュラーになれません。

　中学３年生になって、レギュラー発表の日のことです。

「どうせ自分とは関係ないことだよな」と、ぼーっと顧問の先生の発表するレギュラーの名前を聞いていると、自分の名前が呼ばれたではありませんか。

　部室に一人で残っていた私に、顧問の先生が声をかけてくれました。

「松本、なんでお前がレギュラーになったと思う」

「分かりません」

「お前は諦めないから、何度抜かれても追いかけるだろ？　だからレギュラーにした。試合のときもそうやって諦めるな」

　と言ってくれました。

　普段自分がやっていることの評価を通じて、私のある部分の「自分らしさ」が確立した瞬間でした。

　障害のある人と向き合うとき、「できないこと」を探すのではなく「できること」「好きなこと」を見つけ、そのことを評価しながら向き合っていく。そのようにして、仲間たちの「自分らしさ」が育っていくように思います。優しくされた人は優しくなります。大切にされた人は他者を大切にできるようになります。

　自立を考えるときには、この「自分らしく立つ」と言う時期もとても大切になります。

◆「第三階層　自分たちで立つ」

　みぬま福祉会では、毎年1月に大宮ソニックシティという定員2500名の大ホールで、プロの交響楽団を招いてコンサート開催します。みぬま福祉会や仲間のことを理解してもらうため、一般市民の方にも大勢参加してもらい、当然仲間たちも参加します。

　2年前の開会前の壇上で、私はこんな挨拶をさせてもらいました。
「今日は、たくさんの仲間たちも参加させてもらっています。騒がしい人もいると思います。でも皆さんの隣には、皆さんと同じようにコンサートを楽しんでいる仲間もいます。その仲間は、30年前は今日騒いでいる仲間と同じように騒いでいた人たちです。みんなと一緒にこのコンサートを経験するなかで、良き隣人になれてきた人たちです。ですから、今日騒がしい人たちも、数年後には皆さんの良き隣人になりますので、温かい目で見守ってください——」

　コンサートの始めから終わりまで、大騒ぎをしていた仲間。コンサート会場の中に入れず、ずーっとうろうろしていた仲間。そういう仲間たちも、5年、10年、15年とみんなと経験を積み上げていくことで、みんなと同じようにコンサートを楽しめる人になっています。
　たくやさんのお母さんが、こんな話を私にしてくれました。
「たくやは以前は暴れてしまって予防接種なんかとてもできなかった。でも今はみんなと一緒に列に並んで、自分から『はい』って腕まで出すんですよ」と。

自分一人や、家族とでは、なかなかできないことでも、他の仲間や職員と一緒であれば、できるようになることがたくさんあります。

　周りを見ながら、自分に向けられている期待を意識し、自制し頑張る仲間たちです。

　周りの仲間も、その人を異物や違和感として捉えるのではなく、励まし、支えながら待っていてくれます。

　これが「自分たちで立つ」自立の姿だと思います。

参考資料

「自立」の3階層

（第1階層）自分で立つ
- ・　生後〜義務教育
- ・　個の観点
- ・　出来ないことができるようになること
- ・　加齢とともに、上限が見えてくる

（第2階層）自分らしく立つ
- ・　自我の成立、充実、拡充
- ・　自分が分かる
- ・　生後〜青年期〜
- ・　色々な人との関わりの中で育まれていく

青年期以降の活動や
人間関係が大切

家族以外の他者との
かかわりが重要

（第3階層）自分たちで立つ
- ・　学校教育〜青年期〜
- ・　自分以外の他者への理解
- ・　集団性、社会化
- ・　皆を意識する個、個を支える社会

時系列

家族　➡　仲間（家族以外の他者）　➡　集団

コラム 福祉は大切にし、される権利

高橋 孝雄
（社会福祉法人 みぬま福祉会理事長）

　みぬま福祉会は１９８４年、養護学校（現特別支援学校）卒業生の進路保障の取り組みから始まりました。

「在宅も進路」と言われていた時代に、不本意な在宅者を出さない目標を持ち、「どんな障害を持っていても希望すればいつでも入れる社会福祉施設づくりを目指す」ことを理念にして、学校の先生、家族が中心となり、多くの市民の協力の中で発足しました。

　入所の決定は、職員会議に任されていましたが、断る理由として確認されていたのは、①現在伝染病にかかっている人、②家が遠すぎて通うことができない人、であったため、実際にはどんな場合でも入所が決定しました。障害が重く、困難で、今の状態で受け止めることができないと思うときでも、断らず、どうしたら受け止めることができるのかを考え、そうできるための条件を作っていくこと。「断る理由でなく受け止める条件を作る」ことを大切にしてきました。

　断らない力をつけていくことが、理念を実現していくための具体的な課題でした。

　初めての施設は、浦和市（現さいたま市）松本に３０坪ほどの倉庫を借りた「太陽の家」でした。松本さんはその２年目に就職してきました。４名だった仲間が１３名に増える時でした。

　初めの印象は、とにかく仕事が早く堅実。物静かで仲間にじっくりと寄り添っている感じでした。当時の所長によく怒られていた自分と比べ、松本さんが怒られるのを見たことがないというくらいでした。

仲間たちの仕事はウエス（工場で使う油拭きの布）作りと、空き缶を集めてつぶし、業者に売りに行く仕事でした。松本さんは空き缶の仕事を担当、仲間と一緒にリヤカーを引いて地域を回っている姿が記憶に残っています。「仲間たちの働く姿が地域の人に少しずつ認められていくのがうれしかった」と振り返っています。

　「太陽の家」は、お金集めも大変でした。補助金がほとんどない中で「職員の給料を県職並みにする」としたことや、基準よりも多く職員を雇っていたことなど、実践を大切にする条件作りが、資金集めをさらに大変にしました。

　日曜日のたびに、廃品回収や駅頭募金を行い、物品販売やバザーも行っていました。家族や教員は、「職員は、日曜日くらい休んでいい」と言ってくれましたが、そう言われるとそうもいかず、職員ももちろん活動に参加しました。駅頭募金で、おかあさんたちが声を上げて募金を呼び掛けている姿を見るのが好きでした。自分の子供や仲間たちの将来をよくしようとする運動の一翼を担っているという実感があり、職員として「責任があるね」と語り合いながら帰りました。

　教員たちは、給料日近くになると集めたカンパをもって太陽の家に集まってきました。先日、その頃のことを振り返る機会があり、学校では、毎月１万円ずつカンパしてくれる教員もいて、「自分たちが雇った職員を路頭に迷わすわけにいかない」という気持ちだったと伝えられました。

　職員を大切にすることが福祉の向上につながるという思いが当初から大事にされていると感じていました。みぬま福祉会では、家族も教員も「職員は宝」だと言ってくれます。職員は「仲間は宝」だと思っているし、『みぬまのチカラ』という本では、「ねがいと困難は宝」と言っています。宝とは「大切にする」ということです。

松本さんは、よく「自分が大切にされなければ、仲間を大切にすること
はできない」と言います。虐待などの事例に接したときに、職員の労働条
件や置かれている環境のことを考え、その改善を解決の手掛かりにしよう
とする方法も、そうした考えに裏打ちされたことだと感じています。

　この本の事例の中にも、職員のことがたくさん取り上げられています。
事実、職員が病気になったり、家庭の事情で困ったりしているとき、いつ
も、投げ出さず、つながっていられる提案をします。体をこわして働くこ
とができず、雇用の関係を続けることが無理だと思われるような時にも、
その人に合った働き方ができないかと考えてきます。「仲間のことをそう
考えるように職員のことも同じに考える」という当然の仕方を、当たり前
のようにできる人だと思っています。

　受け止めていく力、断らない力は、一方的な関係でなく共感し成長しあ
う姿として仲間たちとの事例の中にたくさん述べられています。この力を
どのようにしてつけていくのかが福祉実践の大きな課題です。「一人一人
が大切にされる」権利を「例外なく」保障していくための力です。

　松本さんは「まっとうな願いだと理解したら、実現する方法を考える」
と言います。困難に出会い躊躇しているときに状況を転換させる力のある
一言だと思っています。定員がいっぱいで受け入れることができないと思
うとき、「新しい施設を作ろう」と考えることができれば、状況は一変し
ます。その先に苦労はあっても、仲間を広げ、みんなを成長させる力にな
ります。

　発想を豊かにし、息詰まる状況を転換できる方法を身に着けること。学
習や議論を通して実践的な力量を高めていくこと。必要な施設や資源を作
れるように基盤になる事業を発展させていくこと。仲間や理解者を増やし

共同を広げ、制度や政策を変える運動に取り組むことなどを通してそういう力を総合的に高めていくことが私たちの課題です。

　現在、社会福祉を取り巻く情勢は厳しく、市場化の流れの中で、福祉の支援をサービスとして売り買いする傾向が強まっています。重度や困難な状態にある仲間が、手のかかる人として敬遠されたり、仲間たちに寄り添う支援も「それをやっていくらになるのか」と聞かれるときがあるといいます。課題は、こうした状況に対峙する力をつけていくことにつながっています。

　私たちは、社会福祉は権利だと考えています。「大切にされる権利」「よく生きる権利」です。というと松本さんは「大切にされる」だけでなく、「大切にする」ことも大事だときっと突っ込んでくるんだろうなーと思います。だから「大切にし、される権利」と言い換えておきます。私たちの仕事は、その権利を例外なく保障し中身を豊かにしていくということです。

　松本さんは、現在、学校や、施設、様々な団体の講演に出かけ、父母や職員にむけて話をする機会が多くなっています。仲間との出会いや関わりを軸にした話をするときにいつも、「仲間から教えてもらったこと、みぬまで考えてきたことを伝えているだけだ」と言います。よい感想をもらえると、「こういう話をよいこととして聞いてくれる人がたくさんいることがうれしい」と話してくれます。

　この本も、講演を聞いた出版社の方が感動して本にしようと考えたのがきっかけになったと聞いています。そういう人を多くし、福祉や社会がその方向に進歩していくことを願っています。　　　　　　（たかはしたかお）

おわりに

出逢った責任

「あなたは今幸せですか?」と問われれば、迷うことなく「幸せです!」と答えられる自分であることが幸せなのでしょう。

約35年間、障害のある人たちと向き合ってきて今実感していることは、「愛される障害者づくり」ではなく、一人ひとりが自分以外の他者を信頼し愛せるようになることが、豊かに生きていく一番の鍵だと感じています。

「生きていく」とは、次から次へと新たな困難に出合うことです。

出合う困難に対して鋼のような強さを身につけることが大事なのではなく、「しなやかさ」「賢さ」が本人の中に積み上がっていくことが重要で、それは大切な人との共同のなかで育まれていくものだと思っています。

だからこそ、青年期を迎えた頃に、親以外の大切な人と出会い、お互いに思い合える関係を積み上げていく機会が必要になります。

その「大切な人」とは自分がとても嬉しいとき、辛いときそばにいて欲しい人のことです。

人は人のなかで生きて、そこでの関わりを通じて豊かに成長し、豊かに生きていきます。人のなかで傷ついた人は、人のなかでしかその傷をいやすことはできません。

障害のある人たちの豊かな暮らしを目指すのであれば、私たち自身が豊かに生きることを学び実感する必要があると思っています。

私たち職員は、障害のある人たちが家族以外に最初に出会う人です。

ここでの関わりが、その人の一生を大きく左右します。

「何か」になるのではなく「何をしたいか」。「健常者に近づくのではなく、どう生きていって欲しいのか？」そのことを、本人と一緒に関わる私たちも一緒に考えていきたいと思います。

　私たちとの出会いを通して大きく傷つき、人格さえゆがめてしまうのか、逆にしっかりとした信頼感を持ち、その人が生きていくうえでの大きな支えになっていくのか……。私たちには、出会った人にとってお互いに大切な人になる責任があります。

　そんな関係が、社会のなかの中心的な柱（思想、哲学、価値観）になれば、一人ひとりが豊かに生きていくことができるに違いありません。

　私の人生の中ではいくつかの節があり、その都度大切な出会いが積み重なってきています。川口養護学校を紹介してくれた恩師である東田先生、川口養護学校の鈴木敏勝先生（初代理事長）や先生たち、高橋孝雄さん（現理事長）、太陽の家の職員や家族や仲間たち。原稿を寄せてくださった中津川浩章氏。また、このような機会を与えていただいたサンパティク・カフェの藤崎さよりさん、藤崎杏里さん。どの出会いも自分の人生に大きな意味を持たせてくれました。

　そして、何よりも、妻や子どもたち、自分にとってかけがえのない存在に出会えた幸せを、いつも実感させてくれる大切な宝物です。どの出会いも、自分の人生を彩ってくれた花たちです。

　この出会いに感謝しつつ、筆を終えたいと思います。ありがとうございました。

２０１７年１１月２０日　　　松本　哲

松本 哲（まつもと とおる）

- 1958年　東京生まれ。大学卒業後、生活協同組合職員を経て、
- 1983年　神奈川県内の通所施設に勤務。
- 1985年　無認可作業所「太陽の家」、
　　　　　知的障害者通所更生施設「川口太陽の家」指導員、
- 1992年　「川口太陽の家」所長。
- 2017年　「社会福祉法人みぬま福祉会」総合施設長、法人事務局長。
　　　　　埼玉県発達障害福祉協会副会長　他

太陽の家に勤務以来、障害の重い人たちの労働や発達保障について取り組んでいる。

◎写真提供：松本 哲
◎本扉作品：さくらハート／成宮咲来
◎本文作品：工房集発行 各作家作品集 および「生きるための表現」展記録集より
◎ブックデザイン：藤崎杏里

その花が咲くとき
～障害者施設「川口太陽の家」の仲間たち～

2017年12月25日　初版発行

著　者　松本哲
発行者　藤崎さより
発行所　㈱サンパティック・カフェ
　　　　〒359-0042 埼玉県所沢市並木 7-1-13-102
　　　　TEL 04-2937-6660　FAX 04-2937-6661
　　　　E-mail : sympa-cafe@hotmail.co.jp

発売元　㈱星雲社
　　　　〒112-0005 東京都文京区水道 1-3-30
　　　　TEL 03-3868-3270　FAX 03-3868-6488

印刷・製本　シナノ書籍印刷㈱
ISBN978-4-434-24132-1　C0037

石黒尚巖 作

本書のコピー、スキャン、デジタル化等の無断複製は著作権法上の例外を除き禁じられています。